Y Ffordd i
ANNIBYNIAETH

The Road to
INDEPENDENCE

Argraffiad cyntaf: 2022

© Hawlfraint Plaid Cymru a'r Lolfa Cyf., 2022

Mae hawlfraint ar gynnwys y llyfr hwn ac mae'n anghyfreithlon
llungopïo neu atgynhyrchu unrhyw ran ohono trwy unrhyw
ddull ac at unrhyw bwrpas (ar wahân i adolygu) heb gytundeb
ysgrifenedig y cyhoeddwyr ymlaen llaw

Llun y clawr blaen: Canva

Rhif Llyfr Rhyngwladol: 978 1 80099 341 9

Cyhoeddwyd, rhwymwyd ac argraffwyd yng Nghymru gan
Y Lolfa Cyf., Talybont, Ceredigion SY24 5HE
gwefan www.ylolfa.com
e-bost ylolfa@ylolfa.com
ffôn 01970 832 304
ffacs 832 782

First impression: 2022

© Copyright Plaid Cymru and Y Lolfa Cyf., 2022

The contents of this book are subject to copyright, and may
not be reproduced by any means, mechanical or electronic,
without the prior, written consent of the publishers.

Cover photograph: Canva

ISBN: 978 1 80099 341 9

Published and printed in Wales by
Y Lolfa Cyf., Talybont, Ceredigion SY24 5HE
website www.ylolfa.com
e-mail ylolfa@ylolfa.com
tel 01970 832 304
fax 832 782

Y Ffordd i ANNIBYNIAETH

Tystiolaeth Plaid Cymru i'r Comisiwn Annibynnol ar Ddyfodol Cyfansoddiadol Cymru

The Road to INDEPENDENCE

Plaid Cymru's Evidence to the Independent Commission on the Constitutional Future of Wales

Plaid Cymru
Party of Wales

Cynnwys

Contents

Rhagair

MAE'R CYHOEDDIAD HWN, sy'n ffurfio tystiolaeth Plaid Cymru i'r Comisiwn ar Ddyfodol Cyfansoddiadol Cymru, yn gam pwysig ymlaen yn syniadaeth y blaid ar annibyniaeth. Mae'n gynnyrch rhai o'r meddyliau mwyaf praff o fewn y blaid a ddaeth ynghyd mewn grwpiau trafod yn ystod hanner cyntaf 2022. Fe wnaethom hefyd gomisiynu papurau ymchwil gan nifer o arbenigwyr allanol, yn cynnwys yr Athro John Doyle, o Brifysgol Dinas Dulyn, a roddodd ymagwedd sy'n ein galluogi i feddwl mewn ffordd newydd am fan dechrau cyllidol Cymru annibynnol.

Yn ychwanegol, fe wnaethom gynnal chwe chyfarfod ymgynghori yng Nghaernarfon, Wrecsam, Aberystwyth, Aberafan, Caerdydd a Glynebwy yn ystod mis Mehefin a mis Gorffennaf 2022. Dan gadeiryddiaeth Leanne Wood, cynrychiolydd Plaid Cymru ar y Comisiwn, bu mwy na 220 o aelodau a chefnogwyr y Blaid yn bresennol ynddynt.

Mae tair prif elfen i'n tystiolaeth. Yn gyntaf esboniwn pam na all y trefniadau datganoli presennol barhau, a pham na fydd dewisiadau unionaethol, tebyg i ffederaliaeth a fyddai angen newid sylweddol i lywodraethiant Lloegr, yn gweithio.

Yn ail, mae ein tystiolaeth ar y diffyg cyllidol neu'r bwlch yng nghyllid cyhoeddus Cymru, sy'n seiliedig ar ymchwil yr Athro Doyle, yn chwalu'r ddadl ein bod yn rhy fach ac yn rhy dlawd i ffynnu fel cenedl annibynnol. Nid yn unig mae gwaith yr Athro Doyle yn adeiladu ymhellach ar y corff tystiolaeth sy'n cefnogi'r achos dros Gymru annibynnol, mae hefyd yn newid y gêm yn y drafodaeth am ei hyfywedd. Dro ar ôl tro, clywsom amcangyfrifon gwyllt am y bwlch cyllidol tebygol a fyddai'n bodoli pe byddem yn dod yn

Foreword

THIS PUBLICATION, WHICH comprises Plaid Cymru's evidence to the Commission on the Constitutional Future of Wales, is a major step forward in the party's thinking on independence. It is the product of some of the best minds within the party that we brought together in discussion groups during the first half of 2022. We also commissioned research papers from a number of outside experts, including Professor John Doyle, of Dublin City University, who has provided us with a new and liberating approach to the fiscal starting point of an independent Wales.

In addition, during June and July 2022 we held six consultation meetings in Caernarfon, Wrexham, Aberystwyth, Aberafan, Cardiff, and Ebbw Vale. Chaired by Leanne Wood, Plaid Cymru's representative on the Commission, they were attended by more than 220 party members and supporters.

Our evidence has three main components. First, we explain why the present devolution arrangements cannot last, and why unionist alternatives, such as federalism which would require major change to the governance of England, will not work.

Secondly, our evidence on the fiscal deficit or gap in Welsh public finances – that draws on Professor Doyle's research – debunks the argument that we are too small and too poor to thrive as an independent nation. Not only does Professor Doyle's work further build the body of evidence that supports the case for an independent Wales, it is also a game-changer in the debate surrounding its viability. Time and again, we have heard wild estimates about the likely fiscal gap that would exist if we were to become independent

annibynnol nad oes ganddynt unrhyw gysylltiad gyda realaeth. Dengys ein tystiolaeth unwaith ac am byth fod "economeg ffantasi" yn cael ei hyrwyddo gan y rhai sydd yn erbyn annibyniaeth.

Yn drydydd, gosodwn gynigion am Senedd sofran, fel cam interim at annibyniaeth. Nid yw hyn oherwydd y gwelwn annibyniaeth fel rhyw uchelgais tymor hirach. I ni annibyniaeth yw'r unig ddull ar gyfer cyflawni ein potensial fel cenedl drwyddo. Rydym eisiau cyflawni hynny cyn gynted ag y medrwn, a pheidio oedi un diwrnod yn fwy nag sy'n rhaid. Dyna pam yr aethom i'r etholiad diwethaf i'r Senedd yn gofyn am fandad am refferendwm ar annibyniaeth erbyn 2026, a pham y byddwn yn ymladd yr etholiad nesaf yn ceisio refferendwm erbyn diwedd y degawd.

Fodd bynnag, rydym yn cydnabod na fydd annibyniaeth yn digwydd dros nos, nac mor gyflym ag y gobeithiem. Fel gyda'n profiad o ennill y Cynulliad Cenedlaethol yn refferendwm 1997, ac yna ennill Senedd gyda hawliau deddfu yn refferendwm 2011, byddwn yn adeiladu'r ffordd i annibyniaeth gyda'r adnoddau gwleidyddol sydd ar gael, bydded hynny yn flociau adeiladu, cerrig camu neu bontydd.

Bydd annibyniaeth yn rhoi cyfle i Gymru wella ein heconomi drwy bolisïau a gynlluniwyd i greu sylfaen economaidd fwy amrywiol, gyda mwy o fusnesau bach a chanolig mewn dwylo lleol, gwella cynhyrchiant ac arloesedd yn y sector preifat, y sector cyhoeddus a'r sector cydweithredol, cynyddu budd economaidd i'r eithaf drwy bolisïau caffael lleol, a buddsoddi yn seilwaith y dyfodol. Mae Plaid Cymru yn bwriadu dilyn y cyhoeddiad hwn gyda chyfres o gyhoeddiadau ar ein gweledigaeth economaidd ar gyfer y Gymru newydd, gan osod mewn termau ymarferol sut y gellir gwneud hyn i gyd. Byddwn hefyd yn cyflwyno ein syniadau ar sut y bydd y newid yn yr economi yn ein galluogi i gyflawni trawsnewidiad dyfnach i ddod yn gymdeithas sy'n

that bear no relation to reality. Our evidence shows, once and for all, that 'fantasy economics' are peddled by those who are against, rather than for independence.

Thirdly, we set out proposals for a sovereign Senedd, as an interim step to independence. This is not because we see independence as some longer-term ambition. For us independence is the only means by which we can achieve our potential as a nation. We want to achieve it as soon as we can, and not delay one day longer than we have to. This is why we went into the last Senedd election seeking a mandate for an independence referendum by 2026, and why we will enter the next one seeking a referendum by the end of the decade.

However, we acknowledge that independence will not happen overnight, or as fast as we may hope. As with our experience of winning the National Assembly in the 1997 referendum, and then gaining a law-making Senedd in the 2011 referendum, we will build the road to independence with the political resources to hand, be they building-blocks, stepping-stones or bridges.

Independence will present Wales with the opportunity to improve our economy through policies designed to create a more diversified economic base, with more locally owned SMEs, improving productivity and innovation in the private, public and co-operative sectors, maximising economic benefit through local procurement policies, and investing in the infrastructure of the future. Plaid Cymru intends to follow this publication with a series of publications on our economic vision for the New Wales, setting out in practical terms how all this can be done. We will also present our ideas on how this changed economy will allow us to achieve a more profound transformation to a society free from poverty, inequality, injustice and environmental degradation, a nation that is flourishing in the fullest sense.

The Road to Independence takes forward the proposals

rhydd o dlodi, anghydraddoldeb, anghyfiawnder a dirywiad amgylcheddol, cenedl sy'n ffynnu yn yr ystyr lawnaf.

Mae *Y Ffordd i Annibyniaeth* yn symud y cynigion ymlaen yn adroddiad Comisiwn Annibyniaeth y Blaid *Tuag at Gymru Annibynnol* a gymeradwywyd gan gynhadledd arbennig ddechrau 2021. Mae'r dystiolaeth hon yn adeiladu ar y sylfeini hynny. Mae'n tyfu allan o benderfyniad y blaid i gydweithio gydag eraill i chwilio am dir cyffredin. Mae'r Comisiwn ar Ddyfodol Cyfansoddiadol Cymru yn rhan o'r Cytundeb Cydweithredu rhwng Plaid Cymru a Llafur Cymru a negodwyd yn dilyn etholiadau 2021 i Senedd Cymru. Mae hyn yn rhoi ar waith gred Plaid Cymru nad rôl un blaid yw creu Cymru annibynnol, ond gwaith cenedl gyfan, ei holl bobl a'i holl safbwyntiau.

Adam Price
Arweinydd, Plaid Cymru
Hydref 2022

in the party's Independence Commission report, *Towards an Independent Wales*, which were approved by a special conference in early 2021. This submission builds on those foundations. It grows out of the party's decision to work collaboratively with others in the search for common ground. The Commission on the Constitutional Future of Wales forms part of the Co-operation Agreement between Plaid Cymru and Welsh Labour that was negotiated following the 2021 Senedd election. This is an application of Plaid Cymru's belief that creating an independent Wales is not the role of one party, but the work of an entire nation, all of its people and all of its perspectives.

Adam Price
Leader, Plaid Cymru
October 2022

Cyflwyniad

MAE'R ADRANNAU DILYNOL yn ein tystiolaeth, lle'r ydym yn:

1. Esbonio pam nad yw'r trefniadau datganoli presennol yn gynaliadwy.
2. Dadlau na fydd datrysiad ffederal i broblemau cyfansoddiadol y Deyrnas Unedig yn gweithio.
3. Dynodi'r man cychwyn cyllidol ar gyfer Cymru annibynnol.
4. Cyflwyno cam nesaf posibl ar daith Cymru i annibyniaeth lawn drwy greu Senedd sofran.
5. Archwilio cynigion ar gyfer conffederasiwn rhwng Cymru, Lloegr a'r Alban, gan gydnabod y bydd Cymru annibynnol yn dymuno cydweithio'n agos gyda'n cymdogion.
6. Crynhoi pam fod angen i Gymru fod yn annibynnol.

Nid yw Datganoli yn Gynaliadwy

Mae'r trefniadau datganoli presennol dan fygythiad gan lywodraeth elyniaethus yn Llundain, gyda'r hyn a elwir yn 'unoliaeth gydnerth'. Ond mae hynny'n profi'n wrthgynhyrchiol. Mae Llywodraeth Lafur Cymru, sy'n cytuno'n fras â'n dadansoddiad ni o pam nad yw datganoli yn gynaliadwy, wedi cynnig dull ffederal i ddiwygio'r Deyrnas Unedig. Ymysg pethau eraill, byddai hyn yn golygu cyflwyno siambr yn cynrychioli cenhedloedd y Deyrnas Unedig yn lle Tŷ'r Arglwyddi, a dod â chyllid tecach, sy'n seiliedig yn fwy ar anghenion ar gyfer Cymru a'r Alban.

Myth Ffederaliaeth

Ond ein dadl ni yw, fel ateb i broblemau cyfansoddiadol y Deyrnas Unedig, fod ffederaliaeth yn seiliedig ar fyth. Y myth

Introduction

OUR EVIDENCE HAS the following sections, in which we:

1. Explain why the present devolution arrangements are unsustainable.
2. Argue that a federal solution to the constitutional problems of the United Kingdom will not work.
3. Identify the fiscal starting point for an independent Wales.
4. Put forward a potential next step in Wales's journey to full independence through creating a Sovereign Senedd.
5. Examine proposals for a confederation between Wales, England, and Scotland, recognising that an independent Wales will wish to co-operate closely with our neighbours.
6. Summarise why Wales needs to be independent.

Devolution is Unsustainable

The present devolution arrangements are under attack from a hostile government in London, with its so-called 'muscular unionism'. But that is proving counterproductive. The Labour Welsh Government, which broadly shares our analysis of why devolution is unsustainable, has come up with a federal approach to reforming the UK. Among other things, this would involve replacing the House of Lords with a chamber representing the nations of the UK, and bringing in fairer, more needs-based funding for Wales and Scotland.

The Federal Myth

But we argue that, as an answer to the UK's constitutional problems, federalism is based on a myth. The myth is the

yw'r dybiaeth y byddai Lloegr eisiau cymryd rhan. Pe byddai strwythur ffederal yn seiliedig ar genhedloedd Prydain byddai'n golygu y byddai'n rhaid i Loegr fod yn barod i gael ei threchu mewn pleidleisiau gan Gymru a'r Alban. Efallai y byddai strwythurau ffederal oedd yn cynnwys rhanbarthau ar wahân o fewn Lloegr – gyda seneddau deddfwriaethol yn Newcastle, Caerefrog, Manceinion, Birmingham, Llundain a Bryste dyweder – yn gweithio fel damcaniaeth. Ond yn ymarferol, nid yw Saeson eisiau hyn.

Yn Lloegr hanfod Brexit oedd 'cymryd rheolaeth yn ôl' i Senedd Lloegr yn Llundain. I gyflawni hynny roedd cefnogwyr Brexit yn fodlon gweld Iwerddon unedig a hyd yn oed yr Alban yn mynd yn annibynnol. Ar ôl sicrhau Brexit, pa mor debygol ydynt o fod yn fodlon ystyried chwalu eu sofraniaeth Seneddol sydd mor werthfawr iddynt ac y byddai ffederaliaeth yn ei olygu? Yn sicr byddai angen refferendwm arall. A pha mor debygol yw hynny, o gofio am yr anhrefn a'r boen a ddilynodd refferendwm Brexit yn 2016?

Y Bwlch Cyllidol

Yn greiddiol i'n tystiolaeth mae chwalu myth arall, sef y byddai Cymru annibynnol yn cael ei llethu gan ddiffyg cyllidol fyddai'n anodd os nad yn amhosibl ei ysgwyddo. Nid yw hynny yn wir. Ni fyddai diffyg cyllidol presennol economi Cymru tu mewn i economi y Deyrnas Unedig yn bodoli yn nyddiau cynnar Cymru annibynnol. Fel y dangoswn, byddai prif elfennau'r diffyg presennol – yn cynnwys cyfraniadau pensiwn, rhan Cymru o'r ddyled gyhoeddus a gwariant ar amddiffyn – i gyd yn cael eu gostwng yn helaeth mewn Cymru sydd newydd ddod yn annibynnol.

Gwelwn yn 2019, yn hytrach na'r diffyg o £13.5bn a nodwyd gan yr ONS, y byddai'r elfennau hynny o nawdd a fyddai'n debygol o drosglwyddo i Gymru annibynnol yn cynrychioli diffyg o tua £2.6bn. Mae hyn yn sicr o fewn yr ystod o ddiffygion gwladwriaethau annibynnol sofran y

assumption that England would want to take part. If a federal structure was based on the nations of Britain, it would mean that England would have to be prepared to be outvoted by Wales and Scotland. A federal structure that involved separate English regions within England – with legislative Parliaments in say Newcastle, York, Manchester, Birmingham, and London and Bristol – might work in theory. But in practice the English simply don't want it.

In England Brexit was all about 'taking back' control to the English Parliament in London. To achieve it Brexiteers were willing to see a united Ireland and even Scotland becoming independent. Having achieved Brexit, how likely are they to be willing to contemplate breaking up their precious, if deluded, Parliamentary sovereignty that federalism would mean? Certainly, it would need a further referendum. And how likely is that, given the disruption and pain that followed the Brexit referendum in 2016?

The Fiscal Gap

At the heart of our evidence is our debunking of another myth, that an independent Wales would be overburdened by a fiscal deficit difficult, if not impossible, to shoulder. This is simply not the case. The current fiscal shortfall of the Welsh economy inside the UK economy would not exist in the early days of an independent Wales. As we show, the major components of the present deficit – made up of pension contributions, Wales's share of the public debt, and defence spending – would all be greatly reduced in a newly independent Wales.

We find that in 2019, rather than the ONS-derived £13.5bn deficit, those elements of the subvention likely to transfer to an independent Wales would represent a deficit of approximately £2.6bn. This is certainly well within the range of sovereign independent state deficits that an advanced economy such as Wales would be able to fund through borrowing.

15

gallai economi ddatblygedig tebyg i Gymru ei gyllido drwy fenthyca.

Felly, ni chafodd effaith economaidd Cymru annibynnol ei gyfyngu i raddau enfawr gan y sefyllfa gyllidol bresennol. Byddai'r diffyg cyllidol y byddai Cymru annibynnol yn ei wynebu yn arferol ar gyfer gwledydd tebyg ac nid yw mewn unrhyw ffordd yn cyflwyno'r rhwystr mawr neu lyffethair y mae eraill wedi ceisio ei gyfleu.

Wedyn mae'r ddadl yn symud i p'un ai a oes unrhyw debygrwydd realistig y bydd Cymru'n gwella ei pherfformiad economaidd yn sylweddol y tu mewn i'r Deyrnas Unedig. Ni fu unrhyw gydgyfeiriad sylweddol mewn perfformiad economaidd ymhlith cenhedloedd a rhanbarthau'r Deyrnas Unedig dros yr hanner canrif diwethaf. Mae Llundain a De Ddwyrain Lloegr yn dominyddu popeth, ac nid oes unrhyw debygrwydd y bydd hynny yn newid. Mae Plaid Cymru yn credu fod angen annibyniaeth i Gymru fel mater o frys fel cam cyntaf i adeiladu economi gryfach a thecach yng Nghymru.

Senedd Sofran

Hyd yn oed felly, rydym yn cydnabod er bod y mudiad annibyniaeth yn tyfu'n gyflym, y bydd hi'n rhai blynyddoedd cyn y bydd mwyafrif digonol yn Senedd Cymru i alw ac ennill refferendwm annibyniaeth. Felly rydym yn cyflwyno cynigion i adeiladu pont dros dro i annibyniaeth yn debyg iawn i'r un ffordd ag yr oedd Gwladwriaeth Rydd Iwerddon neu Statws Dominiwn ar gyfer Canada ac Awstralia yn gamau trosiannol ar deithiau'r gwledydd hynny i fod yn genhedloedd annibynnol.

Mae ein cynnig ar gyfer Cymru Cysylltiadaeth Rydd yn golygu Senedd sofran, yn dilyn enghreifftiau sydd eisoes yn bodoli mewn mannau eraill yn y byd. Mae cyfraith ryngwladol yn adnabod categori o drefniadau cyfansoddiadol sy'n llanw'r gofod rhwng integreiddio dwy diriogaeth yn un wladwriaeth a'u gwahaniad ffurfiol yn ddwy wladwriaeth

Therefore, the economic impact of an independent Wales is not hugely constrained by the existing fiscal situation. The fiscal deficit that an independent Wales would face would be normal for comparable countries, and in no way presents the major obstacle or impediment which others have sought to present.

The argument then moves on to whether there is any realistic prospect of Wales significantly improving its economic performance inside the UK. There has been no significant convergence of the economic performance of the UK's nations and regions over the last half-century. Everything is dominated by London and the South East. And there is no prospect of that changing. Plaid Cymru believes independence is urgently needed as a first step to building a stronger and fairer Welsh economy.

A Sovereign Senedd
Even so, we acknowledge that, although the independence movement is growing rapidly, it is going to be some years before there is a majority in the Senedd sufficient to call and win an independence referendum. Therefore, we put forward proposals to build an interim bridge to independence in much the same way as the Irish Free State or Dominion Status for Canada and Australia were transitional stages in those countries' journeys to becoming independent nations.

Our proposal for a Free Association Wales, entailing a sovereign Senedd, follows examples that already exist elsewhere in the world. International law recognises a category of constitutional arrangement which occupies the space between integration of two territories into a single state and their formal separation into two sovereign states. In 1960 the United Nations adopted the term 'Free Association' to describe this intermediate status.

In our submission we also endorse the Party's

sofran. Yn 1960 mabwysiadodd y Cenhedloedd Unedig derm 'Cysylltiadaeth Rydd' ('*Free Association*') i ddisgrifio'r statws canolradd hwn.

Yn ein tystiolaeth rydym hefyd yn cymeradwyo cynigion Comisiwn Annibyniaeth Plaid Cymru ar gyfer perthynas gydffederal yn y dyfodol rhwng cenhedloedd Prydain. Serch hynny dywedwn y byddai'n rhaid i bob un o'r cenhedloedd hawlio eu sofraniaeth annibynnol eu hunain cyn y gellid negodi perthynas o'r fath.

Pam Annibyniaeth

Yn olaf, yn ein tystiolaeth, cyflwynwn y dadleuon pam fod angen i Gymru fod yn annibynnol. Mae Cymru yn genedl ar wahân, gyda hawl i benderfynu ar ei dull llywodraeth ei hun. Cydnabuwyd hyn yn y refferenda a gynhaliwyd yma yn y gorffennol diweddar – yn 1979, 1997 a 2011.

Mae Cymru angen annibyniaeth fel mater o frys oherwydd ein bod wedi ein dal ym magl economi Brydeinig a drefnwyd bron yn llwyr er budd De Ddwyrain Lloegr a Dinas Llundain. Ers Brexit collodd Cymru gyllid cydgyfeiriad Ewropeaidd, ac nid yw'r hyn y mae Llywodraeth y Deyrnas Unedig yn ei alw yn agenda 'codi'r gwastad' yn fawr mwy na geiriau gwag. Ynghyd â Chymru, mae'r Alban a Gogledd Iwerddon a chwech o ranbarthau Lloegr tu allan i'r De Ddwyrain mewn diffyg parhaus. Mae hyn yn arwydd o fodel economaidd chwilfriw y Deyrnas Unedig. Mae'n strwythur nad yw'n sicrhau ffyniant i Gymru ac nid yw'n cynnig unrhyw debygrwydd y bydd yn gwneud hynny.

Dangosodd pleidlais Brexit fod y Deyrnas Unedig wedi ei dal mewn gorffennol ymerodrol heb ei ddatrys gyda strwythurau hen-ffasiwn. Mewn ysbryd mae'n parhau'n wladwriaeth ymerodraethol a ddiffiniwyd gan filwriaeth a choncwest drefedigaethol ar draws y byd. Ar y llaw arall mae gan Gymru annibynnol y potensial i fod yn wlad flaengar sy'n edrych ar i faes, a gaiff ei llywio gan weledigaeth sy'n pleidio ac yn hyrwyddo cynnydd.

Independence Commission's proposals for a future confederal relationship between the nations of Britain. Although we point out that, before such a relationship could be negotiated, each of the nations would have to assert their own independent sovereignty.

Why Independence
Finally, in our submission we rehearse the arguments why Wales needs to be independent. Wales is a distinct nation, with a right to determine its own form of government. In the recent past this has been recognised in the referendums we have held – in 1979, 1997, and 2011.

Wales urgently needs independence because we are trapped within a UK economy that is overwhelmingly shaped in the interests of the South East of England and the City of London. Since Brexit, Wales has lost out on European convergence funding, while the UK Government's so-called 'levelling up' agenda is little more than hollow rhetoric. Along with Wales, Scotland and Northern Ireland and six of the English regions outside the South East are persistently in deficit. This is an indication of the broken UK economic model. It is a structure that does not deliver prosperity to Wales and offers no prospect of doing so.

The Brexit vote demonstrated that the UK is stuck in an unresolved imperial past with outdated structures. In spirit it remains an empire state defined by militarism and colonial conquest across the world. On the other hand, an independent Wales has the potential to be forward thinking and outward looking, shaped by a progressive vision.

1

Nid yw Datganoli yn Gynaliadwy

MAE'R MODEL PRESENNOL o ddatganoli, fel y'i gweithredir yng Nghymru yn ogystal â'r Alban a Gogledd Iwerddon, yn gyson fregus i sofraniaeth absoliwt Senedd y Deyrnas Unedig ac absenoldeb cyfansoddiad ysgrifenedig wedi'i godeiddio yn y DU. Mae hyn yn golygu fod yn rhaid i'r sefydliadau datganoledig ddibynnu ar gonfensiynau heb fod yn rhai cyfreithiol i roi'r rheolau y mae eu perthynas gyda Llywodraeth y DU yn gweithredu o'u mewn.

Nid oes gan bwerau sefydliadau datganoledig unrhyw ddiogeliad cyfreithiol rhag tresmasu gan San Steffan. I weithredu'n effeithlon maent yn dibynnu ar ewyllys da ar ran Llywodraeth y DU. Cafodd hyn ei godeiddio i ryw raddau gan Gonfensiwn Sewel. Mae hyn yn disgrifio sut y bydd Senedd y DU yn gweithredu wrth ddeddfu ar faterion datganoledig (materion o fewn cymhwysedd Senedd Cymru, Senedd yr Alban neu Gynulliad Gogledd Iwerddon), neu wneud newidiadau i bwerau a chyfrifoldebau y sefydliadau datganoledig.[1] Er bod hyn yn rhywbeth a welwyd yn gyffredinol dan weinyddiaethau Llafur a'r Glymblaid rhwng dechrau datganoli yn 1999 a 2015, mae parodrwydd i wneud hynny wedi crebachu'n gyflym dan lywodraethau Ceidwadol dilynol.

Dangosir hyn gan ddarpariaethau Deddf Marchnad Fewnol y DU 2020, y mae eu darpariaethau

1

Devolution
is Unsustainable

THE CURRENT MODEL of devolution, as it applies to Wales as well as Scotland and Northern Ireland, is constantly vulnerable to the absolute sovereignty of the UK Parliament and the absence of a written codified UK constitution. This means the devolved institutions have to rely on non-legal conventions to provide the rules within which their relations with the UK Government function.

The powers of devolved institutions have no legal protection against encroachment by Westminster. To function effectively they depend on goodwill on the part of the UK Government. To a partial extent this has been codified by the Sewel Convention. This describes how the UK Parliament will act when legislating on devolved matters (matters within the competence of the Senedd, the Scottish Parliament, or the Northern Ireland Assembly), or making changes to the powers and responsibilities of the devolved institutions.[1] Whilst this was something that was generally observed under Labour and Coalition administrations between the inauguration of devolution in 1999 and 2015, willingness to do so has diminished rapidly under subsequent Conservative governments.

The provisions of the UK Internal Market Act 2020, whose 'mutual recognition' provisions are incompatible with important aspects of effective devolution, illustrate

'cydgydnabyddiaeth' yn anghydnaws gydag agweddau pwysig o ddatganoli effeithlon. Mae'r Ddeddf yn ei gwneud yn ofynnol i Gymru dderbyn safonau ar gyfer nwyddau a gwasanaethau a osodir mewn rhannau eraill o'r DU ac sy'n cyfyngu'n ddifrifol ar allu'r Senedd i osod ei safonau ei hun mewn meysydd helaeth o bolisi datganoledig tebyg i ddiogelu'r amgylchedd a lles anifeiliaid.

Mae Llywodraeth y DU hefyd wedi cymryd pwerau i benderfynu yn unochrog sut i weithredu rhai elfennau datganoledig o gytundebau masnach. Gwrthododd farn Senedd Cymru bod angen cael cytundeb lle effeithir ar gyfrifoldebau datganoledig.[2] Yn fwy diweddar ac yn fwy difrifol, ac yn absenoldeb unrhyw ymgynghoriad gyda Llywodraeth Cymru, datganodd Llywodraeth y DU ei bwriad unochrog i ddiddymu Deddf Undebau Llafur (Cymru) 2017 a basiwyd gan Senedd Cymru, sy'n gwahardd cyrff cyhoeddus yng Nghymru rhag defnyddio gweithwyr asiantaethau i lanw yn ystod gweithredu diwydiannol.[3]

Yn bryderus am effaith y Ddeddf Marchnad Fewnol ar gymhwysedd y Senedd, fe wnaeth Llywodraeth Cymru herio Llywodraeth y DU, gyda'r Cwnselydd Cyffredinol yn gofyn am ganiatâd i fynd â'r mater i Oruchaf Lys y Deyrnas Unedig. Yn y fantol oedd gallu Senedd Cymru i ddeddfu mewn meysydd a ddatganolwyd heb ymyrraeth gan Lywodraeth y DU.[4] Y ddadl oedd, o'i gweithredu yn ddilyffethair, bod sofraniaeth San Steffan yn cyfyngu, tanseilio ac yn dadsefydlu datganoli. Fel y dywedodd y Prif Weinidog Mark Drakeford, mewn tystiolaeth i Bwyllgor Cyfansoddiad Tŷ'r Arglwyddi, *"When it became inconvenient for the UK Government to observe Sewel, they just went ahead and rode roughshod through it... More recently, I am afraid, the Sewel Convention has withered on the vine."*[5]

Mae rhaglen ddeddfwriaethol Llywodraeth y DU a gyhoeddwyd ym mis Mai 2002 yn cynnwys biliau ar gyfer Banc Seilwaith y DU gyda phwerau i wario'n uniongyrchol mewn

this. The Act requires Wales to accept standards for goods and services set elsewhere in the UK and severely limits the ability of the Senedd to set standards of its own in large areas of devolved policy such as environmental protection and animal welfare.

The UK Government has also taken powers to decide unilaterally how to implement certain devolved elements of trade agreements. It has rejected the view of the Welsh Senedd that agreement should be required when devolved responsibilities are affected.[2] More recently and egregiously, and in the absence of any consultation with the Welsh Government, the UK Government declared its unilateral intention to repeal the Senedd's Trade Union (Wales) Act 2017, which prohibits Welsh public bodies from using agency workers to provide cover during industrial action.[3]

Concerned by the impact of the Internal Market Act on the competence of the Senedd, the Welsh Government challenged the UK Government, with the Counsel General seeking permission to take the matter to the UK Supreme Court. At stake was the Senedd's ability to legislate in devolved areas without interference from the UK Government.[4] The argument was that exercised without restraint, Westminster sovereignty constrains, undermines and destabilises devolution. As First Minister Mark Drakeford put it, in evidence to the House of Lords Constitution Committee, 'When it became inconvenient for the UK Government to observe Sewel, they just went ahead and rode roughshod through it... More recently, I am afraid, the Sewel Convention has withered on the vine.'[5]

The UK Government's legislative programme announced in May 2022 includes Bills for a UK Infrastructure Bank with powers to spend directly in devolved areas, without ensuring these decisions respect the priorities of the Senedd and Welsh Government in areas for which they are responsible. The UK Government's so-called 'levelling

meysydd datganoledig, heb sicrhau fod y penderfyniadau hyn yn parchu blaenoriaethau Senedd a Llywodraeth Cymru mewn meysydd y maent yn gyfrifol amdanynt. Mae'r hyn a elwir yn agenda 'codi'r gwastad' Llywodraeth y DU yn cynnwys cenadaethau mewn meysydd datganoledig tebyg i addysg, iechyd a chyfiawnder a gafodd eu datblygu heb gytundeb y Senedd a Llywodraeth Cymru. Yn wir, dywedodd Llywodraeth y DU nad oes ganddi unrhyw fwriad o geisio cydsyniad.[6]

Mae'r cyfyngiadau hynny yng nghyswllt Llywodraeth y DU sydd â'r bwriad i erydu pwerau a ddatganolwyd yn rhai gwleidyddol. Hyd yma mae llywodraethau y DU wedi dweud eu bod yn cefnogi datganoli mewn egwyddor ac yn ymroddedig i gysyniad 'undeb werthfawr' rhwng gwahanol rannau o'r Deyrnas Unedig. Maent yn esgus eu bod yn cefnogi egwyddor parch y gwahanol weinyddiaethau at ei gilydd, eto ni chafodd hyn ei adlewyrchu yn eu hymagwedd ymarferol at ddatganoli.

Yn strwythurol, mae datganoli yn gaeth i sofraniaeth Seneddol absoliwt, egwyddor ganolog cyfansoddiad y Deyrnas Unedig. Mae'r egwyddor hon yn golygu bod grym bron ddilyffethair gan y blaid sy'n ennill mwyafrif yn Nhŷ'r Cyffredin i orfodi ei hewyllys ledled y DU, oherwydd system etholiadol anghyfrannol ac yn ein barn ni anghynrychioladol etholiadau San Steffan. Caiff datganoli ei wanhau ymhellach gan ei natur asymetrig. Mae Tŷ'r Cyffredin hefyd yn gweithredu fel Senedd Lloegr ac felly yn gwaethygu ei dueddiad i fychanu neu hyd yn oed anwybyddu gwahanol safbwyntiau y deddfwriaethau datganoledig.

Yng Nghymru mae'r amrediad pwerau datganoledig yn gwyro'n drwm tuag at ddarparu gwasanaethau ym meysydd iechyd, gofal cymdeithasol, tai ac addysg, tra bod y rhan fwyaf o bwerau sydd eu hangen i sicrhau adfywio economaidd wedi eu cadw yn San Steffan. Hyd yn oed lle mae gan Lywodraeth Cymru rai pwerau i godi safonau byw, er enghraifft drwy

up agenda' includes missions in devolved areas such as education, health, and justice which were developed without the agreement of the Senedd and Welsh Government. Indeed, the UK Government has indicated that it has no intention of seeking consent.[6]

Such constraints as apply to a UK Government intent on eroding devolved powers are political. Thus far UK Governments have expressed themselves as supportive of devolution in principle and of being committed to the concept of a 'precious union' between the different parts of the UK. They pay lip-service to the principle of mutual respect between the different administrations, yet this has not been reflected in their practical approach to devolution.

Structurally, devolution is hostage to absolute Parliamentary sovereignty, the central principle of the UK constitution. This principle means the virtually unfettered power of the party which wins a majority in the House of Commons to impose its will throughout the UK, under the non-proportional and in our view unrepresentative electoral system that applies to Westminster elections. Devolution is further weakened by its asymmetric nature. The House of Commons doubles up as an English Parliament, thereby exacerbating its tendency to undervalue or even ignore the differing views of the devolved legislatures.

In Wales the range of devolved powers is heavily skewed towards delivery of services in the fields of health, social care, housing and education, whilst powers needed to achieve economic regeneration continue to be largely reserved to Westminster. Even where the Welsh Government has some powers to raise living standards, for example through industrial development and infrastructure improvements, they are circumscribed by rigid controls imposed on spending and borrowing by the UK Treasury. As a result, a greater and greater proportion of the Welsh budget is channelled each year into treating the symptoms of economic decline,

ddatblygu diwydiannol a gwelliannau seilwaith, cânt eu cyfyngu gan fesurau rheoli anhyblyg a osodir ar wariant a benthyca gan Drysorlys y DU. Fel canlyniad, caiff cyfran fwy a mwy o gyllideb Cymru ei sianelu bob blwyddyn i drin symptomau dirywiad economaidd gyda llai yn mynd i wrthdroi problemau economaidd hirdymor Cymru.

Byddai'n rhaid cael trosglwyddiad sylweddol o bwerau economaidd i gael hyd yn oed y gobaith lleiaf o gyflawni y 'difidend datganoli' y gobeithid amdano. Byddai'n rhaid rhoi'r gorau i sofraniaeth Seneddol, egwyddor ganolog cyfansoddiad y Deyrnas Unedig.

Yn seiliedig ar brofiad uniongyrchol y ddau ddegawd diwethaf, yn ogystal â normau cyfansoddiadol sydd â gwreiddiau dwfn a grynhodd dros ganrifoedd, ymddengys yn annhebygol iawn y byddai unrhyw lywodraeth y DU yn ystyried newidiadau mor flaengar. A hyd yn oed pe byddai llywodraeth yn cael ei hethol fyddai'n barod i ystyried yn sylfaenol droi holl gyfansoddiad San Steffan â'i ben i lawr, mewn system wleidyddol sydd â thueddiad tuag at y status quo mae'n debyg y byddai unrhyw gynigion ar gyfer y Deyrnas Unedig gyfan yn dioddef yr un hynt â diwygiadau radical eraill tebyg i gynrychiolaeth gyfrannol ar gyfer etholiadau i Dŷ'r Cyffredin neu ddileu Tŷ'r Arglwyddi anetholedig.

Yn sicr, nid oes gan y Llywodraeth Geidwadol bresennol unrhyw awydd am setliad datganoli cryfach. Yn lle hynny, mae'n edrych am bob cyfle i danseilio datganoli, naill ai drwy ddirwyn deddfwriaeth Gymreig yn ôl neu drwy ddargyfeirio cyllidol, gan gyllido awdurdodau lleol Cymru yn uniongyrchol fel rhan o'i rhaglen 'codi'r gwastad' fondigrybwyll. Yn wir, yn ei Phapur Gwyn yn 2020 ar y Farchnad Fewnol, mae'n disgrifio'r Deyrnas Unedig fel 'gwladwriaeth unedol', gan yn fwriadol anwybyddu'r realaeth fod datganoli wedi mynegi hynny fel gwladwriaeth aml-genedl. Yn wahanol i hynny, datganodd Llywodraeth Cymru:

and less goes into reversing Wales's long-term economic problems.

To have even the remotest prospect of delivering on the hoped for 'devolution dividend', there would have to be a major transfer of economic powers. Parliamentary sovereignty, the central tenet of the UK constitution, would have to be abandoned.

Based on the direct experience of the last two decades, as well as deeply entrenched constitutional norms built up over centuries, it seems highly improbable that any UK Government would contemplate such radical changes. And even if a government were to be elected that was prepared to consider fundamentally upending the entire Westminster constitution, in a political system biased towards the status quo any UK-wide proposals would be likely to suffer the same fate as other radical reforms, such as proportional representation for elections to the House of Commons or the abolition of the unelected House of Lords.

Certainly, the present Conservative government has no appetite for a strengthened devolution settlement. Rather, it is seeking every opportunity to undermine devolution, whether by rolling back Welsh legislation or by fiscal by-pass, funding Welsh local authorities directly as part of its so-called 'levelling up' programme. Indeed, in its 2020 White Paper on the Internal Market, it described the United Kingdom as a 'unitary state', deliberately ignoring the reality that devolution has given expression to it as a multi-national state. By contrast the Welsh Government has declared:

> ...the United Kingdom is best seen now as a voluntary association of nations... which must be based on the recognition of popular sovereignty in each part of the UK; Parliamentary sovereignty as traditionally understood no longer provides a sound foundation for this evolving constitution.[7]

...ystyrir erbyn hyn mai cynghrair wirfoddol o genhedloedd yw'r Deyrnas Unedig ar ei gorau ... y dylid ei seilio ar gydnabyddiaeth o sofraniaeth boblogaidd ym mhob rhan o'r DU. Nid yw sofraniaeth Senedd y DU, yn ôl y ddealltwriaeth draddodiadol ohoni, yn cynnig sylfaen gadarn bellach ar gyfer y cyfansoddiad hwn sy'n esblygu.[7]

Cyhyd â bod Cymru yn parhau yn y Deyrnas Unedig, mae'n dilyn y dylai ei chyfansoddiad gorffori:

- Hawl pobl Cymru i ddewis y math o lywodraeth sy'n fwyaf addas ar gyfer eu hanghenion.
- Goruchafiaeth Senedd Cymru ar faterion o fewn ei rheolaeth, gyda gwarchodaeth rhag unrhyw benderfyniad gan San Steffan i ddiystyru hynny.
- Gallu Senedd Cymru i ddewis p'un ai a phryd i gynnal refferendwm ar ddyfodol cyfansoddiadol Cymru.
- Hawl pobl Cymru i ddod yn wlad annibynnol, pe byddent yn pleidleisio dros hynny.

Gallai llywodraeth Lafur yn San Steffan fod yn barod i gynnal rhyw ddiwygio ar ddatganoli, efallai mewn ymgais i osgoi y dewis arall o annibyniaeth i'r Alban. Gallai cynlluniau gynnwys dosbarthiad tecach o adnoddau ariannol, datganoli mwy o rymoedd, diwygio Tŷ'r Arglwyddi i greu 'Senedd y Cenhedloedd', a chreu barnwriaeth neilltuol i Gymru. Ond hyd yn oed pe bai diwygiadau o'r fath yn cael eu gweithredu, byddai Lloegr yn dal i ddominyddu mantol y grymoedd gwleidyddol i raddau helaeth. Effaith ymarferol hynny yw ei bod yn debyg y byddai unrhyw enillion cyfansoddiadol yn debygol o gael eu rhwystro, eu herydu a'u gwrthdroi gan weinyddiaeth Geidwadol newydd. Er y gellid yn rhesymol ddisgrifio hunanlywodraeth ddemocrataidd fel dymuniad diysgog pobl cenhedloedd datganoledig y Deyrnas Unedig, mae'r syniad o setliad datganoli sefydlog wedi profi yn rhith cyfansoddiadol. Nid yw datganoli yn gynaliadwy yng ngwladwriaeth y DU sy'n sylfaenol anghyfartal.

Pe bai'r Alban i ddod yn annibynnol, efallai yn sgil

It follows that, so long as Wales remains in the United Kingdom, its constitution should enshrine:

- The right of the people of Wales to choose the form of government best suited to their needs.
- The primacy of the Senedd on matters within its control, with protection against any Westminster decision to override.
- The ability of the Senedd to choose whether and when to hold a referendum on Wales's constitutional future.
- The right of the people of Wales to become an independent country, should they vote for it to become one.

A Labour government at Westminster might be prepared to undertake some reform of devolution, perhaps in an attempt to avoid the alternative of Scottish independence. Initiatives might include a fairer distribution of financial resources, decentralisation of more powers, reform of the House of Lords to create a 'Senate of the nations', and the creation for Wales of a distinctive jurisdiction. But even if such reforms were implemented, the balance of political forces would still be overwhelmingly dominated by England. The practical effect of this means that any constitutional gains are likely to be frustrated, eroded and reversed by an incoming Conservative administration. While democratic self-government can be reasonably described as the settled will of the peoples of the devolved nations of the United Kingdom, the idea of a stable devolution settlement has proven a constitutional mirage. Devolution is unsustainable in a UK state that is fundamentally unequal.

Were Scotland to become independent, possibly in the wake of, or followed by, Irish unification, the present form of Welsh devolution could not realistically be expected to survive. In the current circumstances political constraints on interference by the UK Government in devolved matters

Iwerddon unedig neu yn rhagflaenu hynny, ni fedrid disgwyl yn realistig i ddull presennol datganoli yng Nghymru oroesi. Yn yr amgylchiadau presennol mae cyfyngiadau gwleidyddol ar ymyriad gan Lywodraeth y DU mewn materion datganoledig ar eu cryfaf pan fo'r tair gweinyddiaeth ddatganoledig yn cydweithredu. Hyd yn oed mewn achosion o'r fath, fodd bynnag, ni ellid atal Llywodraeth y DU oedd yn benderfynol i fynnu ei hewyllys. Gyda'i gilydd, mae'r tiriogaethau a ddatganolwyd yn cynrychioli llai na 16 y cant o boblogaeth y DU, felly mae'r blaid fwyaf yn Lloegr bron bob amser yn rheoli mwyafrif y seddau yn Nhŷ'r Cyffredin. Byddai'r cyfyngiadau ar unrhyw dueddiad gan Lywodraeth y DU i danseilio llywodraeth ddatganoledig, sy'n ddigon gwan pan fo'r tiriogaethau datganoledig yn cynrychioli llai nag un ym mhob pump o boblogaeth y DU, yn crebachu i ddiflanbwynt pe bai datganoli yn gweithredu mewn dim ond un diriogaeth – Cymru – sy'n cynrychioli llai na 5 y cant o'r holl boblogaeth.

are strongest when the three devolved administrations co-operate together. Even in such cases, however, a UK Government intent on imposing its will cannot be prevented from doing so. Collectively, the devolved territories represent less than 16% of the population of the UK, so the largest party in England almost always controls a majority of seats in the House of Commons. The constraints on any tendency by the UK Government to undermine devolved government, weak enough when the devolved territories represent less than a fifth of the population of the UK, would shrink to vanishing point if devolution applied only to a single territory – Wales – representing less than 5% of the total population.

2

Myth Ffederaliaeth

MAE CONSENSWS YMYSG y pleidiau blaengar yn Senedd Cymru sy'n cefnogi craidd y dadansoddiad uchod, bod y trefniadau datganoli cyfredol yn annigonol ac yn cael eu tanseilio gan lywodraethau yn San Steffan. Dyma achos Llywodraeth Lafur Cymru a amlinellir yn ei bapur *Diwygio ein Hundeb: Cydlywodraethu yn y DU*. Mae hawlio'r sofraniaeth honno yn preswylio nid yn Senedd San Steffan ond gyda chenhedloedd y Deyrnas Unedig; mae'n awgrymu dull ffederal ac mae'n cynnwys yr argymhellion dilynol:

- Cyflwyno Tŷ Uchaf newydd yn lle Tŷ'r Arglwyddi. Byddai aelodaeth y Tŷ Uchaf hwn yn adlewyrchu natur aml-genedl y Deyrnas Unedig yn hytrach na bod yn seiliedig ar boblogaeth a byddai'n sicrhau y caiff sefyllfa sefydliadau datganoledig eu hystyried yn briodol yn neddfwriaeth Senedd y DU.
- Sicrhau y caiff cyllid ei ddosbarthu ymysg y tiriogaethau mewn dull teg, seiliedig ar anghenion ac y dylai penderfyniadau ar gyllido'r gweinyddiaethau datganoledig gael eu gwneud gan asiantaeth gyhoeddus a fyddai'n gyfrifol i'r pedair gweinyddiaeth ar y cyd.
- Datganoli plismona a chyfiawnder i Gymru.
- Cryfhau llais y gweinyddiaethau datganoledig mewn trafodaethau rhyngwladol.

Fodd bynnag, mae cynigion Llafur yn methu trin problem sylfaenol datganoli fel ateb i ddyfodol cyfansoddiadol y Deyrnas Unedig yn ei chyfanrwydd: nid ydynt yn ystyried dimensiwn Lloegr. Fel y nodir mewn troednodyn cynnar yn

2

The Myth of Federalism

THERE IS A consensus across the progressive parties in the
Senedd, which support the core of the above analysis, that
the current devolution arrangements are inadequate and
are being undermined by governments at Westminster. This
is the Welsh Labour Government's case as outlined in its
paper, *Reforming our Union: Shared Governance in the UK*.
Asserting that sovereignty resides not in the Westminster
Parliament but with the nations of the United Kingdom,
it suggests a federal approach, and includes the following
recommendations:

- The House of Lords be replaced by a new Upper
  House whose membership would reflect the multi-
  national nature of the UK rather than be population-
  based, and which would ensure that the position of
  the devolved institutions is properly considered in the
  UK Parliament's legislation.
- Ensuring that funding be distributed among the
  territories in a fair, needs-based manner and
  that decisions on the funding of the devolved
  administrations should be made by a public
  agency which would be responsible to the four
  administrations jointly.
- Devolution of policing and justice to Wales.
- Strengthening the voice of the devolved
  administrations in international discussions.

However, Labour's proposals fail to address the
fundamental problem of devolution as an answer to the

nogfen Llafur, "Fodd bynnag nid ydym yn mynegi barn am y strwythurau llywodraethiant posibl, yn cynnwys datganoli mewnol, sy'n fewnol i Loegr."[8]

Eto byddai cyfansoddiad ffederal ar gyfer y Deyrnas Unedig yn anodd tu hwnt, os nad yn amhosibl, oherwydd maint Lloegr, sy'n cynnwys mwy na 80 y cant o'r boblogaeth. Y wlad debycaf yw Canada lle mae 35 y cant o'r boblogaeth yn byw yn Ontario, ond nid yw hynny yn agos. Yn gyffredinol, nid yw systemau ffederal lle mae'r uned fwyaf yn dominyddu yn goroesi. Mae ffederasiynau a fethodd yn cynnwys yr Almaen rhwng 1870 a 1934 lle'r oedd un elfen, Prwsia, yn llawer iawn mwy na'r lleill; yr USSR lle'r oedd Rwsia yn dominyddu; ac Iwgoslafia lle'r oedd y Serbiaid yn dominyddu. Yn 1973, crynhodd Comisiwn Kilbrandon ar y Cyfansoddiad yr achos yn erbyn Senedd i Loegr o fewn system ffederal yn y Deyrnas Unedig:

A federation consisting of four units – England, Scotland, Wales and Northern Ireland – would be so unbalanced as to be unworkable. It would be dominated by the overwhelming political importance and wealth of England. The English Parliament would rival the United Kingdom federal Parliament; and in the federal Parliament itself the representation of England could hardly be scaled down in such a way as to enable it to be outvoted by Scotland, Wales and Northern Ireland, together representing less than one-fifth of the population. A United Kingdom federation of four countries, with a federal Parliament and provincial Parliaments in the four national capitals, is therefore not a realistic proposition.[9]

Byddai datganoli radical ar rym yn Lloegr, fel y dosberthid pwerau o fewn y ffederasiwn rhwng nifer fwy o seneddau rhanbarthol, yn cynyddu ei botensial. Fodd bynnag, oherwydd bod Lloegr yn endid cenedlaethol hanesyddol ac oherwydd canfyddiad, er pa mor annheg, y byddai seneddau rhanbarthol yn creu sefydliadau diangen a

constitutional future of the UK as a whole: they fail to address the English dimension. As an early footnote in Labour's document states, 'We do not express views about the appropriate structures of government, including executive devolution, internal to England'.[8]

Yet a federal constitution for the UK would be extremely difficult, if not impossible, because of the sheer size of England, which contains more than 80% of the population. The nearest equivalent is Canada, where 35% of the population live in Ontario, but that is not close. In general, federal systems in which the largest unit dominates do not survive. Failed federations include Germany between 1870 and 1934 in which one element, Prussia, far outweighed the others; the USSR which was dominated by Russia; and Yugoslavia which was dominated by the Serbs. In 1973 the Kilbrandon Commission on the Constitution summed up the case against an English Parliament within a UK federal system:

> A federation consisting of four units – England, Scotland,
> Wales and Northern Ireland – would be so unbalanced
> as to be unworkable. It would be dominated by the
> overwhelming political importance and wealth of England.
> The English Parliament would rival the United Kingdom
> federal Parliament; and in the federal Parliament itself the
> representation of England could hardly be scaled down
> in such a way as to enable it to be outvoted by Scotland,
> Wales and Northern Ireland, together representing less than
> one-fifth of the population. A United Kingdom federation
> of four countries, with a federal Parliament and provincial
> Parliaments in the four national capitals, is therefore not a
> realistic proposition.[9]

A radical decentralisation of power in England, so that powers within a federation were distributed between a greater number of regional parliaments, would enhance

35

drud, mae rhanbartholi ar hyd y llinellau hyn yn annhebyg o gael cefnogaeth sylweddol. Yn arolwg diweddaraf Future of England yn 2016 a holodd am ddewisiadau cyfansoddiadol yn Lloegr, roedd cynulliadau rhanbarthol ar waelod y rhestr. Roedd 40 y cant yn cefnogi English Votes for English Laws; 16 y cant yn cefnogi'r status quo; 16 y cant yn cefnogi Senedd i Loegr, gyda dim ond 9 y cant yn cefnogi cynulliadau rhanbarthol.[10] Yn yr arolwg diweddaraf ar agweddau cymdeithasol ym Mhrydain, yn 2021, cynulliadau rhanbarthol gafodd y lleiaf o gefnogaeth, er mewn ymateb i lai o gwestiynau a rheiny'n gwestiynau gwahanol.[11] Cyflwynwyd tri opsiwn i ymatebwyr yn Lloegr ar sut y dylai Lloegr gael ei llywodraethu, gyda'r canlyniadau dilynol:

- Dylai Lloegr gael ei llywodraethu fel y caiff yn awr, gyda chyfreithiau a wneir gan Senedd y Deyrnas Unedig – 58% yn cefnogi
- Dylai Lloegr yn ei chyfanrwydd gael ei senedd newydd ei hun gyda phwerau deddfu – 20% yn cefnogi
- Pob rhanbarth yn Lloegr i gael ei gynulliad ei hun yn rhedeg gwasanaethau tebyg i iechyd – 19% yn cefnogi

Mae'r arolygon hyn yn adleisio canlyniad y refferendwm a gynhaliwyd yn 2004, lle cafodd cynnig Llafur am gynulliad etholedig ar gyfer Gogledd Ddwyrain Lloegr ei golli o 78 y cant i 22 y cant (gyda 47 y cant o'r etholwyr yn pleidleisio).

Cafodd anawsterau ariannol diffinio pwynt canol rhwng y trefniadau datganoli presennol ac annibyniaeth i Gymru a'r Alban eu nodi gan Ciaran Martin, Cyfarwyddwr Cyfansoddiad Swyddfa'r Cabinet rhwng 2011 a 2014. Yn y swydd honno roedd yn gyfrifol am y trafodaethau a arweiniodd at refferendwm Annibyniaeth yr Alban yn 2014. Bellach yn Athro yn Ysgol Llywodraeth Blavatnik ym Mhrifysgol Rhydychen, mae wedi cyhoeddi papur yn ystyried canlyniad y refferendwm. Mae'n dadlau fod y trefniadau datganoli presennol yn agos at gyrraedd eu terfyn ac na fedrid eu hymestyn heb effeithio ar gymwyseddau

its potential. However, because England constitutes a historic national entity and because of a perception, however unjustified, that regional parliaments would create unnecessary and expensive institutions, regionalisation along these lines is unlikely to gain significant support. In the latest Future of England survey in 2016, which polled English constitutional preferences, regional assemblies came bottom of the list. English Votes for English Laws were supported by 40%; the status quo by 16%; an English Parliament by 16%; with regional assemblies just 9%.[10] The latest British Social Attitudes Survey, for 2021, also resulted in regional assemblies gaining least support, though in response to fewer and different questions.[11] Three options were put to respondents in England on how England should be governed, with the following results:

- England should be governed as it is now, with laws made by the UK Parliament – supported by 58%.
- England as a whole to have its own new parliament with law-making powers – supported by 20%.
- Each region of England to have its own assembly that runs services like health – supported by 19%.

These surveys echo the outcome of the referendum held in 2004, in which Labour's proposal for an elected Assembly for the North East of England was lost by 78% to 22% (on a turn-out of 47%).

The political difficulties of defining a midway point between the present devolution arrangements and independence for Wales and Scotland have been set out by Ciaran Martin, Constitution Director in the Cabinet Office between 2011 and 2014. In that role he oversaw the negotiations that led to the 2014 Scottish Independence referendum. Now Professor at Oxford University's Blavatnik School of Government, he has published a paper reflecting on the referendum's outcome. He argues that the present devolution arrangements are near their limit and could not

craidd Llywodraeth y DU mewn meysydd tebyg i fewnfudo, amddiffyn, a pholisi tramor. Mae hefyd o'r farn y byddai datrysiad ffederal yn afrealistig:

This is not just because England is so vastly bigger than the other parts and has no desire to 'regionalise' into smaller blocs. It is because it is simply impossible to see democratic consent materialising for such a proposal. Federalism would require the abolition of the ancient doctrine of parliamentary sovereignty. It is worth explaining why. When Gordon Brown was preparing his package of constitutional reforms, on becoming Prime Minister in 2007, one of those he most wanted to introduce was a law to make the Scottish parliament permanent. He was quickly, and correctly, advised that such a measure was absolutely impossible. Parliament is sovereign, and a future parliament cannot be bound, save by treaties with other sovereign nations. There is no lawful way of telling the UK parliament that it can't abolish the Scottish parliament, or of curtailing its powers if it feels like doing so in the future. That is not the case in properly federal countries like the United States. So, for true federalism, parliamentary sovereignty would have to go.

The catch is that parliamentary sovereignty has been the bedrock of the English constitution for centuries. So such a change would surely meet the threshold for a referendum. We have just endured five years of the most tumultuous political wranglings of the post-war period, brought about entirely because a largely English and Welsh majority wished to 'reclaim' what it perceived to be a state of full sovereignty that the UK had previously enjoyed. It is nearly impossible to see the same English voters turning out in a referendum to limit the powers of the London parliament in perpetuity – including, presumably, giving the non-English parts of the UK some sort of a 'lock' in major UK-wide decisions – so that Scotland might feel more comfortable within the Union. If one of the senior pro-Brexit leaders were to say in public that he or she was willing to recommend the renunciation of parliamentary

be extended without impacting on the UK Government's core competences in areas such as immigration, defence, and foreign policy. He also dismisses a federal solution as unrealistic:

This is not just because England is so vastly bigger than the other parts and has no desire to 'regionalise' into smaller blocs. It is because it is simply impossible to see democratic consent materialising for such a proposal. Federalism would require the abolition of the ancient doctrine of parliamentary sovereignty. It is worth explaining why. When Gordon Brown was preparing his package of constitutional reforms, on becoming Prime Minister in 2007, one of those he most wanted to introduce was a law to make the Scottish parliament permanent. He was quickly, and correctly, advised that such a measure was absolutely impossible. Parliament is sovereign, and a future parliament cannot be bound, save by treaties with other sovereign nations. There is no lawful way of telling the UK parliament that it can't abolish the Scottish parliament, or of curtailing its powers if it feels like doing so in the future. That is not the case in properly federal countries like the United States. So, for true federalism, parliamentary sovereignty would have to go.

The catch is that parliamentary sovereignty has been the bedrock of the English constitution for centuries. So such a change would surely meet the threshold for a referendum. We have just endured five years of the most tumultuous political wrangling of the post-war period, brought about entirely because a largely English and Welsh majority wished to 'reclaim' what it perceived to be a state of full sovereignty that the UK had previously enjoyed. It is nearly impossible to see the same English voters turning out in a referendum to limit the powers of the London parliament in perpetuity – including, presumably, giving the non-English parts of the UK some sort of a 'lock' in major UK-wide decisions – so that Scotland might feel more comfortable within the Union. If one of the senior pro-Brexit leaders were to say in public that he or she

sovereignty, federalism might stand a chance. But even then, the union with Scotland, unlike separation from Brussels, is not an issue that excites the English popular vote.[12]

Dywed Martin fod pleidlais Brexit yn 2016 a'r pedair blynedd a hanner o negodi a ddilynodd wedi bod yn ddidostur wrth ddinoethi'r realaeth wleidyddoli yma. Yn gyntaf roedd pleidlais Brexit ynddi'i hun yn gyfangwbl wrth-ffederal wrth ddiystyru'r mwyafrifoedd o blaid aros yn yr Undeb Ewropeaidd ymhlith etholwyr y Alban a Gogledd Iwerddon. Yn ail, cafodd sefyllfa negodi y Deyrnas Unedig ei dominyddu gan Stryd Downing yn ceisio tawelu Aelodau Seneddol mainc gefn y Ceidwadwyr yn Lloegr, ac nid oedd erioed wedi cynnwys ceisio cefnogaeth gan wleidyddion etholedig yng Nghaeredin neu Gaerdydd. Dywed Martin ymhellach, yn dilyn refferendwm yr Alban yn 2014, fod llawer o sylwedyddion wedi twyllo eu hunain fod y Deyrnas Unedig yn datblygu i fod yn bartneriaeth gyfartal o genhedloedd ar wahân:

Brexit laid bare the vacuity of this mythology: the UK is a single state dominated by England; and in the big things that matter, what England wants, England gets.[13]

was willing to recommend the renunciation of parliamentary sovereignty, federalism might stand a chance. But even then, the union with Scotland, unlike separation from Brussels, is not an issue that excites the English popular vote.[12]

Martin comments that the 2016 Brexit vote and the four-and-a-half years of negotiations that followed mercilessly exposed these political realities. First, the Brexit vote itself was completely anti-federal in discounting the pro-Remain majorities in Scotland and Northern Ireland. Secondly, the UK's negotiating position was dominated by Downing Street's placation of Conservative English back-bench MPs, and never included garnering support from elected politicians in Edinburgh or Cardiff. Martin further observes that, following the 2014 Scottish referendum, many commentators deluded themselves that the UK was developing into an equal partnership of separate nations:

Brexit laid bare the vacuity of this mythology: the UK is a single state dominated by England; and in the big things that matter, what England wants, England gets.[13]

3

Man Cychwyn Cyllidol Cymru Annibynnol[14]

MAE'R BWLCH CYLLIDOL, y ffigur o £13.5n, a nodir yn aml fel bod yn nawdd blynyddol Llywodraeth y DU i Gymru, yn ymarferiad cyfrifyddu gan Lywodraeth y DU ac nid yn gyfrifiad o'r diffyg a fodolai yn nyddiau cynnar Cymru annibynnol. Isod dadansoddwn elfennau mwyaf sylweddol cyfrifiad y diffyg hwn, gan ddefnyddio'r ffigurau ar gyfer 2019, cyn effaith Covid 19 ar gyllid cyhoeddus.

Y prif elfennau diffyg yr edrychwn arnynt yw pensiynau, ad-daliadau dyled genedlaethol y DU, gwariant ar amddiffyn, gwariant arall nas dynodwyd a than-amcangyfrifon o gyfran Cymru o refeniw trethiant y DU. Yn seiliedig ar y ffigurau hyn o 2019, deuwn i'r casgliad y byddai'r elfennau hynny o'r nawdd a fyddai'n debygol o drosglwyddo i Gymru annibynnol yn cynrychioli diffyg o tua £2.6bn, cyn unrhyw newidiadau eraill i drethiant, gwariant cyhoeddus neu dwf economaidd rhagamcanol.

Mae hyn yn seiliedig ar amcangyfrif 2019 o gyfanswm allbwn economaidd Cymru o £77.5bn, a byddai'n gyfwerth ag ychydig dan 3.4% o GDP. Mae hyn yn cymharu gyda diffyg cyllidol cyfartalog ar draws holl wledydd yr OECD o 3.2% yn 2019.[15]

Cyfrifo y diffyg cyllidol
Cafodd y drafodaeth gyhoeddus ar economeg Cymru annibynnol ei dominyddu gan gyfeiriadau cyson at 'nawdd'

3

The Fiscal Starting-Point of an Independent Wales[14]

THE FISCAL GAP, the figure of £13.5bn, frequently quoted as representing the UK Government annual subvention to Wales, is a UK accounting exercise, and not a calculation of the deficit that would exist in the early days of an independent Wales. Below we analyse the most significant elements of the calculation of this published deficit, utilizing the figures for 2019, before the impact of Covid-19 on public finances.

The major deficit components we look at are pensions, UK national debt repayments, defence expenditure, other non-identified expenditure, and underestimates of Wales's share of UK tax revenues. Based on these 2019 figures, we conclude that those elements of the current subvention that would be likely to transfer to an independent Wales would represent a deficit of approximately £2.6bn, before any other changes to taxation, public expenditure or projected economic growth.

This is based on the 2019 estimate of total Welsh economic output at £77.5bn, and would be equivalent to just under 3.4% of GDP. This compares with an average fiscal deficit across all OECD countries of 3.2% in 2019.[15]

Calculating the fiscal deficit
The public debate on the economics of an independent Wales has been dominated by constant references to the UK

43

ariannol y DU, neu'r diffyg neu fwlch cyllidol yng nghyllid cyhoeddus Cymru. Mae ystadegau Llywodraeth y DU ar gyfer 2019 yn dweud fod y bwlch rhwng trethiant a godir yng Nghymru a gwariant cyhoeddus yng Nghymru ac ar Gymru yn £13.5bn, sydd wedi codi cwestiynau am gynaliadwyedd ariannol Cymru annibynnol.

Fodd bynnag, ni chafodd y ffigur o £13.5bn a ddyfynnir yn aml ei ddadansoddi o safbwynt ei berthnasedd ar gyfer y drafodaeth am annibyniaeth. Nid yw bwlch cyllidol y Swyddfa Ystadegau Gwladol (ONS) yn amcangyfrif o'r diffyg a fyddai'n bodoli ar ddiwrnod cyntaf Cymru annibynnol, er y caiff yn aml ei ddefnyddio felly. Ni chafodd ei gyfrifo ar gyfer y diben hwnnw.

Caiff y ffigur o £13.5bn ar gyfer y diffyg ei gyfrifo gan yr ONS, ac mae'n ymarferiad cyfrifeg ar gyfer gwladwriaeth y DU. Ei dair elfen hanfodol yw:

(i)   Trethiant a godir gan y DU yng Nghymru;
(ii) Gwariant cyhoeddus yng Nghymru;
(iii) Dyraniad i Gymru, yn seiliedig i raddau helaeth ar sail per capita o wariant canolog y DU yn cynnwys amddiffyn, ad-daliadau y ddyled genedlaethol, llywodraeth ganolog a llysgenadaethau tramor Prydain.

Felly, mae dadansoddiad o effaith bosibl y diffyg ym mlynyddoedd cynnar Cymru annibynnol angen ystyriaeth fanwl o'r gwahanol elfennau o'i fewn. Mae hefyd angen penderfyniad gwleidyddol am ba rai ohonynt fyddai yn cael eu cario drosodd i Gymru annibynnol, beth fyddai'n amherthnasol a beth y gallai'r Deyrnas Unedig ei gyllido yn drosiannol fel ymrwymiad gwaddol parhaus.

Mae'r ONS yn cyhoeddi ffigur blynyddol fel rhan o'i *Net Public Balances Report* (NPBR)[16] a dywedodd ei adroddiad diweddaraf cyn pandemig Covid-19 fod y bwlch rhwng y refeniw a godir yng Nghymru a gwariant cyhoeddus yng Nghymru, ynghyd â dyraniad i Gymru o gyfran o wariant

financial 'subvention', or the fiscal deficit or gap in Welsh public finances. UK Government statistics for 2019 report the gap between taxation raised in Wales and public expenditure in and on Wales at £13.5bn, which has raised questions about the financial sustainability of an independent Wales.

However, this frequently quoted figure of £13.5bn has not been analysed from the perspective of its relevance for the debate around independence. The Office of National Statistics (ONS) fiscal gap is not an estimate of the deficit that would exist on day one of an independent Wales, even though it is frequently used as though it is. It is not calculated for that purpose.

The £13.5bn figure for the deficit is calculated by the ONS, and is an accounting exercise for the UK state. Its three essential components are:

(i)   Taxation raised by the UK in Wales.

(ii) Public expenditure in Wales.

(iii) An allocation to Wales, largely on a per capita basis of central UK expenditure including defence, national debt repayments, central government and British embassies abroad.

Therefore, an analysis of the possible impact of the deficit in the early years of an independent Wales requires a detailed consideration of the different elements within it. It also requires a political judgement as to which of these would carry over to an independent Wales, what would be irrelevant, and what might be funded transitionally by the UK as an ongoing legacy commitment.

The ONS publishes a figure annually as part of its *Net Public Balances Report* (NPBR)[16], and its most recent report before the Covid-19 pandemic stated that the gap between revenue raised in Wales and public expenditure in Wales, plus an allocation to Wales of a share of central UK public expenditure, was £13.5bn for the year ended 2019.[17]

The ONS also regards these *Net Public Balances Report*

cyhoeddus canolog y Deyrnas Unedig, yn £13.5bn am y flwyddyn a ddaeth i ben yn 2019.[17]

Mae'r ONS hefyd yn ystyried bod y ffigurau hyn yn y *Net Public Balances Report* yn 'ystadegau arbrofol' hynny yw, ystadegau sy'n dal i fod ar eu cam datblygu ac a gyhoeddir i gynnwys darpar ddefnyddwyr ar gam cynnar mewn adeiladu set ansawdd uchel o ystadegau.[18]

Nid tasg rwydd yw penderfynu pa refeniw a gaiff ei godi yng Nghymru a pha wariant cyhoeddus y dylid ei ddyrannu i Gymru, ac mae'r ONS yn cydnabod y bydd gwahanol fethodolegau yn rhoi gwahanol ganlyniadau. Fodd bynnag, gan gymryd ffigurau'r ONS fel y rhai gorau sydd ar gael,

Tabl 1: Crynodeb o ddiffyg cyllidol Cymru, ar gyfer y flwyddyn a ddiweddodd yn 2019, fel yr adroddwyd gan yr ONS[19]

	£000m	£000m
Cyfanswm refeniw Cymru		29,532
Yn cynnwys:		
• Trethi a godwyd yng Nghymru ac amcangyfrifon o drethi / refeniw eraill yn gysylltiedig â gweithgaredd yng Nghymru.	26,901	
• Addasiadau cyfrifo Gwarged Gweithredu Gros (yn bennaf yn ymwneud â dibrisiant)	2,631	
Gwariant cyfredol		38,516
Gwariant cyfalaf		4,478
Dadansoddiad gwariant		
• Gwariant 'adnabyddadwy'	33,447	
• Gwariant tu allan i'r DU (dyrannwyd i Gymru ar sail poblogaeth)	1,240	
• Gwariant 'anadnabyddadwy' (gwariant canolog y DU a ddyrannwyd i Gymru ar sail poblogaeth)	4,626	
• Addasiadau Cyfrifeg (yn bennaf dibrisiant)	3,681	
• Cyfanswm gwariant a gyhoeddwyd (a reolir)	42,994	
Diffyg Cyllidol a Gyhoeddwyd		**-13,462**

figures as 'experimental statistics', that is statistics that are still in their 'development phase and are published to involve potential users at an early stage in building a high-quality set of statistics'.[18]

Determining what revenue is raised in Wales and what public expenditure should be allocated to Wales is not a simple task, and the ONS acknowledge that different methodologies will give different results. However, taking the ONS figures as the best available, it is possible to examine what would be relevant to an independent Wales.

Even so, it is important to acknowledge that the methods by which this accounting exercise are carried out both

Table 1: Summary of Wales's fiscal deficit, for year ended 2019, as reported by ONS[19]

	£000m	£000m
Total revenue Wales		29,532
Made up of		
• Taxes raised in Wales and estimates of other taxes / revenue related to activity in Wales	26,901	
• Gross Operating Surplus accounting adjustments (largely related to depreciation)	2,631	
Current expenditure		38,516
Capital expenditure		4,478
Break-down of expenditure		
• 'Identifiable' expenditure	33,447	
• Outside UK expenditure (allocated to Wales on population basis)	1,240	
• 'Non-identifiable' expenditure (central UK spending allocated to Wales on population basis)	4,626	
• Accounting Adjustments (largely depreciation)	3,681	
• Total published (managed) expenditure	42,994	
Published Fiscal Deficit		**-13,462**

mae'n bosibl archwilio beth fyddai'n berthnasol i Gymru annibynnol.

Serch hynny, mae'n bwysig cydnabod fod y dulliau y cynhelir yr ymarfer cyfrifeg yn rhoi ffigur rhy isel ar gyfer y lefelau trethiant a gesglid gan Gymru annibynnol a hefyd yn rhoi ffigur rhy uchel ar gyfer y gwariant a fyddai'n trosglwyddo i'r wladwriaeth newydd.

Mae Tabl 1 yn rhoi manylion y gwahanol gategorïau o fewn y cyfrifiad bwlch cyllidol, a gaiff wedyn eu trafod isod.

Trethiant a godir yng Nghymru

A chymryd mater trethiant yn gyntaf, mae rhai elfennau o'r amcangyfrif o refeniw a godir yng Nghymru yn gymharol syml. Er enghraifft, treth incwm ac ardrethi annomestig a gaiff eu talu gan unigolion sy'n breswyl yng Nghymru, a TAW a threthi busnes ar gyfer cwmnïau yn seiliedig yn llwyr yng Nghymru. Fodd bynnag, dim ond amcangyfrif y gellir ei roi o lawer o drethi eraill. Caiff TAW, Treth Enillion Cyfalaf a'r Dreth Gorfforaeth a delir gan gwmnïau gyda gweithgareddau ledled y Deyrnas Unedig bron bob amser eu talu drwy gyfeiriadau eu prif swyddfa, ac mae tuedd sylweddol tuag at Lundain fel pencadlys cynifer o gwmnïau. Nid yw'n bosibl dweud o ffurflenni TAW busnesau faint o TAW a dalwyd mewn rhanbarth penodol, ac felly mae'n rhaid amcangyfrif y swm. Tu hwnt i dreth incwm, yn seiliedig ar y cyfeiriadau a roddwyd, caiff llawer o refeniw trethiant Cymru ei ddyrannu yn seiliedig ar ddata arolwg ar draws y Deyrnas Unedig gyfan, lle mae maint y sampl yng Nghymru yn gymharol fach ac yn agored i gamgymeriad anhysbys. Mae'r dreth gorfforaeth yn broblem neilltuol yng Nghymru, lle tybir fod elw a threthiant yn dilyn y gyfran o gyflogeion ym mhob cenedl neu ranbarth, sy'n chwyddo'r dyraniad i'r rhanbarth lle mae'r pencadlys. Mae gwaith ar drethiant gan FitzGerald a Morgenroth ar drethiant a godir yng Ngogledd Iwerddon, o gymharu â'r hyn

underestimates the levels of taxation that would be collected by an independent Wales, and overstates the expenditure that would transfer to the new state. Table 1 gives details of the different categories within the fiscal gap calculation, which are then discussed below.

Taxation raised in Wales

Taking the issue of taxation first, some elements of the estimation of revenue raised in Wales are relatively straightforward. For example, income tax and domestic rates paid by individuals who are resident there, and VAT and business taxes for firms based exclusively in Wales. However, many other taxes can only be estimated. VAT, Capital Gains Tax, and Corporation Taxes paid by companies with activities throughout the UK are almost always paid through their head office addresses, and there is a significant bias towards London as the HQ of so many companies. It is not possible to tell from the VAT returns of businesses how much VAT has been paid in a given region, and the amount needs, therefore, to be estimated. Beyond income tax, based on supplied addresses, much of Wales's tax revenues are allocated based on UK-wide survey data, where the sample size in Wales is relatively small and open to unknown error. Corporation Tax is a particular issue in Wales, where profit and tax are assumed to follow the proportion of employees in each nation or region, which exaggerates the allocation to the region where the HQ is located. Work by FitzGerald and Morgenroth on taxation raised in Northern Ireland, compared to that returned on ONS data, argued that Northern Ireland's Corporation Tax was significantly underestimated in ONS data.[20]

Identifiable expenditure in Wales

The first element of expenditure used in calculating the fiscal gap is public expenditure in Wales; that is, spending

a ddychwelwyd ar ddata ONS, yn dadlau fod treth gorfforaeth Gogledd Iwerddon yn amcangyfrif sylweddol rhy isel yn nata'r ONS.[20]

Gwariant adnabyddadwy yng Nghymru

Yr elfen gyntaf o wariant a ddefnyddir wrth gyfrifo'r bwlch ariannol yw gwariant cyhoeddus yng Nghymru; hynny yw, gwariant ar iechyd, addysg, plismona ac ati. Mae'r ONS yn galw hyn yn 'wariant adnabyddadwy'. Mewn llawer o achosion gellir cyfrifo hyn yn gywir, er enghraifft, costau addysg neu lywodraeth leol yng Nghymru. Fodd bynnag, er bod y term 'gwariant adnabyddadwy' a ddefnyddir gan yr ONS yn awgrymu graddfa uchel o gywirdeb, lle mae gwariant yn gymysg rhwng sefydliadau seiliedig yng Nghymru a sefydliadau canolog y Deyrnas Unedig tebyg i'r Gwasanaeth Iechyd Gwladol, nid yw'r gwariant a ddyrennir i Gymru yn ddim ond confensiwn cyfrifyddu Trysorlys y DU yn hytrach na *gwir* lefel gwariant, gan nad yw'r manylion angenrheidiol i ddynodi'n gywir wariant iechyd yn *ac ar gyfer* Cymru ar gael. Er ei fod yn gywir ar gyfer y Deyrnas Unedig yn ei chyfanrwydd, mae'r ffigurau yn cynnwys amcangyfrifon, pan gânt eu torri lawr yn ôl rhanbarth, ac nid yw'n bosibl profi eu cywirdeb ar gyfer Cymru ar hyn o bryd. Y ffigurau a ddefnyddir yn y dadansoddiad isod yw'r rhai gorau sydd ar gael ond maent yn amodol ar yr uchod.

Gwariant anadnabyddadwy a gwariant tu allan i'r Deyrnas Unedig a ddyrannwyd i Gymru

Elfen allweddol o wariant o fewn cyfrifo y bwlch ariannol yw dyrannu £4.62bn o wariant canolog y DU i Gymru, yn bennaf ar sail per capita, heb unrhyw ddadansoddiad sylweddol o ble medrai buddion y gwariant fod yn briodol. Mae'r gwariant 'anadnabyddadwy' hwn yn cynnwys meysydd gwariant na fyddent efallai yn trosglwyddo o gwbl, neu ar yr un lefel i Gymru annibynnol. Er enghraifft, mae'r gwariant 'anadnabyddadwy' a ddyrennir i Gymru yn cynnwys £1.9bn ar

on health, education, policing etc. This is called 'identifiable expenditure' by the ONS. In many cases this can be accurately calculated; for example, the costs of education, or local government in Wales. However, even though the term 'identifiable expenditure' used by ONS suggests a high degree of accuracy, where expenditure is mixed between Wales-based institutions and central UK institutions such as the National Health Service, the spending allocated to Wales is simply a convention of UK Treasury accounting rather than the *actual* level of spending, as the detail required to accurately identify health spending in *and for* Wales is not available. While accurate for the UK as a whole, the figures do include estimates, when they are broken down by region, whose accuracy for Wales it is not possible to test at this time. The figures used in the analysis below are the best available, but subject to this qualification.

Non-identifiable expenditure and expenditure outside the UK allocated to Wales

A key element of expenditure within the fiscal gap calculation is the allocation of £4.62bn of central UK expenditure to Wales, primarily on a per capita basis, without any significant analysis of where the benefits of that expenditure might appropriately lie. This 'non-identifiable' expenditure includes areas of expenditure that might not transfer at all, or at the same level, to an independent Wales. For example, the 'non-identifiable' expenditure allocated to Wales includes £1.9bn for UK defence. Only a tiny amount of this expenditure takes place in Wales, and it includes expenditure that an independent Wales would not incur at all, such as the cost of the Trident nuclear weapons programme.

Central UK expenditure that is incurred outside of the UK is itemised separately in ONS figures and, in 2019, £1.24bn was allocated to Wales on a per capita basis. This would

gyfer amddiffyn y DU. Dim ond swm fach iawn o'r gwariant hwn sy'n digwydd yng Nghymru, ac mae'n cynnwys gwariant na fyddai Cymru annibynnol yn ei wneud o gwbl, tebyg i gost rhaglen arfau niwclear Trident.

Caiff gwariant canolog y DU a wneir tu allan i'r DU ei restru ar wahân yn ffigurau'r ONS ac yn 2019 cafodd £1.24bn ei ddyrannu i Gymru ar sail per capita. Byddai hyn yn cynnwys costau gwasanaeth diplomatig y DU a chyllidebau cymorth tramor. Eto, mae hwn yn benderfyniad i lywodraeth yn y dyfodol ac nid yw'n rhwymedigaeth a etifeddwyd.

Addasiadau cyfrifyddu
Yn yr un modd â'r holl ddata ariannol cyhoeddus a gyhoeddir, mae'r ffigurau a gynhyrchwyd ar gyfer Cymru yn cynnwys addasiadau cyfrifyddu. Mae'r rhain yn ymwneud yn bennaf â sut y caiff dibrisiant ei drin a materion technegol yn ymwneud â TAW.

Mae tri anhawster allweddol wrth ddefnyddio'r ffigur balans cyllidol net a gyhoeddwyd fel dirprwy dros y bwlch ariannol fyddai yn wynebu Cymru annibynnol. Yn gyntaf, mae'r data fel y'i cyhoeddwyd yn cynnwys elfennau mawr iawn fydd yn destun negodiadau a gynhelid rhwng Llywodraeth Prydain a Llywodraeth Cymru yn dilyn cytundeb i greu Cymru annibynnol. Bydd y negodiadau hyn yn cynnwys materion allweddol tebyg i fasnach a rhaniad gwasanaethau cyhoeddus.

Yn ariannol, serch hynny, y cwestiynau pwysicaf fydd atebolrwydd am bensiynau gwladol a sector cyhoeddus, lle gwnaeth pobl gyfraniadau i'r DU, yn ystod y cyfan neu ran o'u bywydau gwaith a chwestiwn rhannu dyled gyhoeddus y DU ac asedau'r DU. Ychydig o arweiniad cyfreithiol sydd ar y materion hyn ac nid oes unrhyw gynsail perthnasol. Felly, mae angen barn wleidyddol am ganlyniad tebygol negodiadau o'r fath. Yn ail, mae angen gwneud addasiadau i adlewyrchu penderfyniadau polisi cyhoeddus ar faterion tebyg i amddiffyn neu faint cymharol gwasanaeth diplomatig

include costs such as the UK diplomatic service and aid budgets. Again, this is a decision for a future government and not an inherited liability.

Accounting adjustments

Like all published public financial data, the figures produced for Wales include accounting adjustments. Primarily, these relate to how depreciation is treated and technical issues related to VAT.

There are three key difficulties in using the published net fiscal balance figure as a proxy for the fiscal gap facing an independent Wales. First, the data as published has very large components that will be the subject of the negotiations that would take place between the British and Welsh Governments following an agreement to create an independent Wales. These negotiations will include key issues such as trade, and the division of public services.

Financially, however, the most important questions will be the liability for state and public sector pensions, where people have made contributions to the UK during all or part of their working lives, and the question of the sharing of UK public debt and UK assets. There is little legal guidance on these issues and no relevant precedents. Therefore, a political judgement is required as to the likely outcomes of such negotiations. Second, adjustments need to be made to reflect public policy decisions on issues such as defence, or the relative size of an independent Wales's diplomatic service, where there is no likelihood that an independent Wales would decide to have nuclear weapons, for example, or a diplomatic service on the scale of the UK's. Third, as discussed, the data has limitations, and it is possible to estimate some of the other adjustments that need to be made to better reflect the relevant costs. The following section deconstructs the largest elements within the fiscal gap calculation, based on these three issues, and

Cymru lle nad oes unrhyw debygrwydd y byddai Cymru annibynnol yn penderfynu cael arfau niwclear, er enghraifft, neu wasanaeth diplomatig ar raddfa'r DU. Yn drydydd, fel y trafodwyd, mae cyfyngiadau ar y data, ac mae'n bosibl amcangyfrif rhai o'r addasiadau eraill sydd angen eu gwneud er mwyn adlewyrchu'r costau perthnasol yn well. Mae'r adran ddilynol yn dadansoddi yr elfennau mwyaf o fewn cyfrifiad y bwlch cyllidol, yn seiliedig ar y tri mater hwn, ac yn trafod i ba raddau y byddent yn berthnasol i Gymru annibynnol.

Y ffigur diffyg dichonol a etifeddid gan Gymru annibynnol
Mae'r diffyg cyllid cyhoeddus a fyddai'n debygol o drosglwyddo i Gymru annibynnol yn sylweddol is na'r £13.46bn y flwyddyn a ddangosir yn nata'r ONS. Mae'r adran ddilynol yn ymchwilio rhai o elfennau mwyaf y cyfrifon a gyhoeddwyd, gan drafod a ydynt yn parhau i fod yn berthnasol yng nghyd-destun Cymru annibynnol. Mae'n edrych yn ei dro ar bensiynau, cyfraniad posibl i ad-daliadau dyled genedlaethol y DU, gwariant amddiffyn ac addasiadau cyfrifyddu y DU, gwariant tu allan i'r DU ac amcangyfrifon rhy isel o gyfran Cymru o refeniw trethiant y DU. Mae Tabl 2 wedyn yn ail-gyfrifo'r nawdd yn seiliedig ar y costau y byddai'n debygol o gael eu cymryd gan Gymru annibynnol.

Cost pensiynau
Atebolrwydd am bensiynau fyddai un o'r materion mwyaf i gael eu negodi rhwng Llywodraeth y DU a Llywodraeth Cymru, yn dilyn penderfyniad i greu Cymru annibynnol. Mae'r ffigurau a gyhoeddwyd ar gyfer Cymru yn 2018-19 yn rhoi cyfanswm cost pensiynau o £5.9bn.[21] Dyma gost gynhwysfawr buddion pensiwn, a gaiff eu talu i bobl y mae eu cyfeiriad yng Nghymru, ac sy'n cynnwys cost net (hynny yw cost net o wariant ar ôl caniatáu ar gyfer incwm o gyfraniadau pensiwn) pensiynau galwedigaethol cyhoeddus na ddaw o fewn cronfa bensiwn ar wahân, a hefyd bensiynau gwladol.

discusses the extent to which they would be relevant to an independent Wales.

The potential deficit figure inherited by an independent Wales

The public finance deficit that would be likely to transfer to an independent Wales is significantly less than the £13.46bn per annum shown in ONS data. The following section explores some of the biggest elements of the published accounts, discussing their continuing relevance in the context of an independent Wales. It looks in turn at pensions, a possible contribution to UK national debt repayments, defence expenditure, accounting adjustments, outside of UK expenditure, and underestimates of Wales's share of UK tax revenues. Table 2 then recalculates the subvention based on the costs that would be likely to be assumed by an independent Wales.

Cost of pensions

One of the biggest issues to be negotiated between the UK and Welsh Governments, following a decision to create an independent Wales, would be liability for pensions. The published figures for Wales in 2018–19 give a total pensions cost of £5.9bn.[21] This is the comprehensive cost of pensions benefits, paid to people whose address is in Wales, and it includes both the net cost (that is, the net cost of expenditure after allowing for income from pension contributions) of public occupational pensions that are not covered by a separate pension fund, and also state pensions.

This level of expenditure would be unlikely to immediately transfer to an independent Wales. At present, the UK pays pensions to people who have worked some or all of their lives in the UK, but now live elsewhere. Many Irish citizens, for example, in retirement in Ireland, receive their UK pension seamlessly, and the two tax

Mae'n annhebyg y byddai'r lefel hon o wariant yn trosglwyddo yn syth i Gymru annibynnol. Ar hyn o bryd, mae'r Deyrnas Unedig yn talu pensiynau i bobl sydd wedi gweithio peth neu eu holl fywyd yn y DU, ond sy'n awr yn byw mewn man arall. Er enghraifft, mae llawer o ddinasyddion Gwyddelig sydd wedi ymddeol yn Iwerddon yn derbyn pensiwn y DU yn ddidrafferth, ac mae model cydweithredu wedi datblygu'n dda rhwng y ddwy system trethiant a budd-daliadau. Yn dilyn Brexit llofnododd y DU ac Iwerddon Gonfensiwn Nawdd Cymdeithasol dwyochrog newydd yn 2019 a ddaeth i rym ar 31 Rhagfyr 2020. I raddau helaeth mae hyn yn dilyn rheoliadau'r Undeb Ewropeaidd ar gyfer penderfynu ar bensiynau mewn achosion lle mae pobl wedi gweithio mewn gwahanol wledydd neu wedi ymddeol i wlad heblaw yr un y buont yn gweithio ynddi, yn ei hanfod yn cadarnhau y caiff costau eu rhannu, yn seiliedig ar gymhareb y blynyddoedd a weithiwyd ym mhob awdurdodaeth.

Mae cysondeb yn awgrymu y byddai'r Deyrnas Unedig yn talu atebolrwydd pensiwn oedd wedi crynhoi yn seiliedig ar gyfraniadau treth ac yswiriant cymdeithasol unigolion neu eu cyfrifoldebau gofalu, pan oedd Cymru yn aelod o'r Deyrnas Unedig, gan adael Cymru i fod yn atebol o ddyddiad creu'r wladwriaeth newydd. Felly, byddai unigolyn sydd eisoes wedi ymddeol ac sydd â phensiwn gwladol yn seiliedig ar gyfraniadau yswiriant gwladol y DU (a chyfrifoldebau gofalu), neu was cyhoeddus wedi ymddeol a wnaeth gyfraniadau pensiwn ychwanegol yn ystod eu bywyd gwaith yn parhau i dderbyn eu pensiwn o'r DU mewn Cymru annibynnol, gyda'r DU yn talu amdano. Os oedd rhywun hanner ffordd drwy eu bywyd gwaith adeg annibyniaeth, yna byddai'r DU adeg eu hymddeoliad yn y dyfodol yn talu hanner pensiwn y DU iddynt bryd hynny, a byddai Cymru annibynnol yn gyfrifol am dalu'r gweddill, yn seiliedig ar bolisi a chyfraddau Cymru.

Caiff holl bensiynau gwladol y DU, a'r rhan fwyaf o

and benefit systems have a well-developed model of co-operation. Following Brexit, the UK and Ireland signed a new bilateral Convention on Social Security in 2019 which came into effect on 31 December 2020. This largely replicates EU regulations for determining pensions in cases where people have worked in different countries or have retired to a different country than they worked in, essentially confirming that costs will be shared, based on the ratio of years worked in each jurisdiction.

Consistency suggests that the UK would pay pension liability that had been built up, based on individuals' tax and social insurance contributions or caring responsibilities during Wales's membership of the United Kingdom, leaving the new Welsh state to take over such liability as builds up from the date of the creation of the new state. Therefore, an individual who is already retired and has a state pension based on UK National Insurance contributions (and caring responsibilities), or a retired public servant who made additional pension contributions during their working life, would continue to receive their UK pension in an independent Wales, paid by the UK. If someone was half-way through their working life at the time of independence, then the UK would at the time of their future retirement pay them half a UK pension at that time, and an independent Wales would be responsible for paying the balance, based on Welsh policy and rates.

All UK state pensions, and most public sector employment-based pensions, are paid from general taxation and not from a legally separated fund. However, there is a strong sense of pension 'entitlement' in the UK, based on National Insurance contributions, pension contributions made, and caring responsibilities during a person's working life, notwithstanding the absence of legally separate pension funds. While the UK could reject any obligation to pay such pensions, following Welsh independence, a refusal to

bensiynau sector cyhoeddus seiliedig ar gyflogaeth, eu talu o drethiant cyffredinol ac nid o gronfa sydd wedi ei gwahanu'n gyfreithiol. Fodd bynnag, mae ymdeimlad cryf o 'hawl' pensiwn yn y DU, yn seiliedig ar gyfraniadau yswiriant gwladol, cyfraniadau pensiwn a wnaed a chyfrifoldebau gofalu yn ystod bywyd gwaith person er nad oedd cronfeydd pensiwn ar wahân yn gyfreithiol. Er y gallai'r DU wrthod unrhyw rwymedigaeth i dalu pensiynau o'r fath, yn dilyn annibyniaeth Cymru, byddai gwrthodiad i gydnabod cyfraniadau oes drwy yswiriant cymdeithasol (neu gyfrifoldebau gofalu cyfatebol) yn arwain at ganlyniadau anghyson iawn. Byddai person oedd yn byw yn y DU ac a ymddeolodd i Sbaen yn cael pensiwn y DU, fel mae pethau ar hyn o bryd, ond efallai na fyddent pe byddent wedi byw ac aros yng Nghymru. Pe byddai pobl wedi gweithio am ran o'u bywyd yn Lloegr a rhan yng Nghymru (ond gyda'r holl gyfraniadau yn mynd i Drysorlys y DU), sut fyddai eu cyfraniadau yn cael eu rhannu rhwng y blynyddoedd a dreuliwyd yn gweithio yng Nghymru o gymharu gyda'r blynyddoedd a dreuliwyd yn Lloegr?

Mae'n debyg y byddai unrhyw ymgais i gerdded i ffwrdd o gyfrifoldebau pensiwn yn arwain at ymateb sylweddol gan undebau llafur, oherwydd y cynsail y byddai'n ei osod. Pe gallai llywodraeth y DU wrthod talu eu pensiwn i gyn-aelod o'r lluoedd arfog neu nyrs pe byddai Cymru yn dod yn annibynnol, a fedrent hefyd wneud hynny i dorri gwariant cyhoeddus, neu yn achos preifateiddio gwasanaeth? Byddai derbyn nad oes unrhyw hawl i bensiwn gwladol neu bensiwn sector cyhoeddus yn gynsail peryglus ac mae'n anochel y byddai'r undebau llafur yn ei wrthod.

Byddai derbyn atebolrwydd am bensiynau oedd wedi crynhoi tra'n gweithio yn y DU hefyd yn gyson gyda'r dull a ddilynwyd pan oedd y DU yn gadael yr Undeb Ewropeaidd.[22]

Gan ysgrifennu am Ogledd Iwerddon, mae Mike

acknowledge lifelong contributions through social insurance (or equivalent caring responsibilities) would lead to very inconsistent outcomes. A person who worked in the UK and retired to Spain would get a UK pension, in the current practice, but if they lived and stayed in Wales they might not. If people had worked for some of their life in England and some in Wales (but with all contributions paid to the UK Treasury), how would their contributions be divided up as between the years spent working in Wales compared to in England?

Any attempt to walk away from pension responsibilities would be very likely to lead to a significant response from trade unions, due to the precedent it would set. If a UK Government can simply refuse to pay a military veteran or a nurse their pension in the case of Welsh independence, could they also do so to cut public spending, or in the case of privatization of a service? Accepting that there is no entitlement to a state or public sector pension would be a dangerous precedent and would inevitably be resisted by trade unions.

Accepting liability for pensions built up while working in the UK would also be consistent with the approach taken during the UK's withdrawal from the EU.[22]

Writing about Northern Ireland, Mike Tomlinson argues that the UK is duty bound to pay the full cost of public sector pensions, not just the net cost (i.e. net of pension contributions received from public service workers) included in ONS figures. Tomlinson argues that public servants living in Wales have paid pension contributions and/or National Insurance contributions during their working lives in the expectation that they are building up a pension 'entitlement'. If the UK chose to treat this as current income and not invest it against future liabilities, that was their choice, made at central UK level, since public pensions began.

Tomlinson yn dadlau ei bod yn ddyletswydd ar y DU i dalu holl gost pensiynau sector cyhoeddus, nid dim ond y gost net (h.y. net o gyfraniadau pensiwn a dderbyniwyd gan weithwyr gwasanaeth cyhoeddus) a gynhwysir yn ffigurau'r ONS. Mae Tomlinson yn dadlau fod gweision cyhoeddus yn byw yng Nghymru wedi talu cyfraniadau pensiwn a/neu gyfraniadau yswiriant gwladol yn ystod eu bywydau gwaith yn y disgwyliad eu bod yn crynhoi 'hawl' pensiwn. Pe byddai'r DU yn dewis trin hyn fel incwm cyfredol a pheidio ei fuddsoddi yn erbyn atebolrwydd y dyfodol, eu dewis nhw fyddai hynny, a wnaed ar lefel ganolog y DU, ers y dechreuwyd pensiynau cyhoeddus.

Fodd bynnag, nid yw bod y DU wedi gwneud y dewis hwnnw yn golygu y dylai Cymru dderbyn y cafodd yr holl gyfraniadau hynny eu gwadu ac y byddai'n ofynnol i Lywodraeth Cymru y dyfodol dalu pensiynau heb fod wedi derbyn y cyfraniadau. Mae'r cyfraniadau a gesglir yng Nghymru ym mlwyddyn un yn cael eu cyfateb yn erbyn atebolrwydd pensiwn y dyfodol ac nid costau'r flwyddyn honno – yn seiliedig ar ymrwymiadau oedd wedi crynhoi tu mewn i'r DU. Pe byddai'r DU yn talu holl gost pensiynau gwladol a seiliedig ar gyflogaeth y sector cyhoeddus byddai hyn yn cynyddu'r gost i'r DU o £5.9bn i tua £9bn, ac yn gostwng y diffyg yn gyfatebol gan £3.1bn arall. Wrth gwrs, byddai atebolrwydd pensiwn Cymru annibynnol wedyn yn dechrau crynhoi, wrth i atebolrwydd y DU ostwng bob blwyddyn, ond yn ei blynyddoedd cynnar byddai Cymru yn fuddiolwr net o gyfraniadau pensiwn, gan dalu i weision cyhoeddus cyfredol, heb fawr iawn o wariant yn y tymor byr.

Er y bydd pensiynau yn y pen draw yn fater ar gyfer negodi dwyochrog rhwng y ddwy lywodraeth, mae arfer arall yn awgrymu'n gryf y byddai'r DU yn derbyn goblygiadau o'r fath, a gafodd eu crynhoi drwy gyfraniadau treth ac yswiriant cymdeithasol a chyfrifoldebau gofalu hyd at y

However, just because the UK made that choice does not mean that Wales should accept that all those contributions have simply been disavowed and that a future Welsh Government would be required to pay pensions without having received the contributions. The contributions being collected by Wales in year one are matched against future pension liability and not that year's costs – based on liabilities built up inside the UK. If the UK paid the full cost of state and employment-based public sector pensions, this would increase the cost to the UK from £5.9bn to approximately £9bn, and correspondingly reduce the deficit by a further £3.1bn. Of course, the pension liabilities of an independent Wales would then start to build up from that date, as the liability of the UK reduced every year, but an independent Wales in its early years would be the net beneficiary of pensions' contributions, being paid by current public servants, with very little expenditure in the short term.

While pensions will ultimately be a matter for bilateral negotiation between the two governments, other practice strongly implies that the UK would accept such obligations, which had been built up through tax and social insurance contributions, and caring responsibilities up to the date of Wales leaving the UK, while an independent Wales would take over such future liabilities building up from day one of the new state.

Table 2 (see page 77) reduces the fiscal gap by the figure of £5.9bn, but does not make any further reduction based on the pension contributions received – which are potentially very significant in the early years of the state – an estimated £3.2bn+ per annum to build in some caution to these figures. Based on the practice of prior contributions funding pension entitlement – it would be logical that the UK would meet the full £9bn cost of pension entitlement built up to the date of independence.

dyddiad y byddai Cymru'n gadael y DU, gyda Chymru yn dod yn gyfrifol am atebolrwydd o'r fath yn y dyfodol yn crynhoi o ddiwrnod cyntaf y wladwriaeth newydd.

Mae Tabl 2 (gweler tudalen 76) yn gostwng y bwlch cyllidol gan ffigur o £5.9bn, ond nid yw hyn yn gwneud unrhyw ostyngiad pellach yn seiliedig ar y cyfraniadau pensiwn a dderbyniwyd – a allai fod yn sylweddol iawn ym mlynyddoedd cynnar y wladwriaeth – amcangyfrif o £3.2bn+ y flwyddyn gan olygu fod angen peth gofal gyda'r ffigurau hyn. Yn seiliedig ar ymarfer cyfraniadau blaenorol yn cyllido hawl pensiynau – byddai'n rhesymegol i'r DU dalu am yr holl gost o £9bn am hawl pensiynau oedd wedi crynhoi hyd at ddyddiad annibyniaeth.

Fodd bynnag, gan y bydd negodiadau yn cynnwys ystod eang o faterion, gallai yn rhwydd fod yn rhy optimistig i'r DU dalu'r costau hyn i gyd, er y byddai'n hollol resymegol i Lywodraeth Cymru yn y dyfodol fynnu y dylent. Felly, mae'r bwlch cyllidol a gafodd ei ail-gyfrifo yn Nhabl 2 yn seiliedig ar ganlyniad lle mae'r DU yn talu am holl gost pensiynau gwladol, ond dim ond y gwariant cyfredol net ar bensiynau seiliedig ar gyflogaeth.

Dyled gyhoeddus y DU

Mae elfen ail fwyaf y bwlch cyllidol yn ymwneud â'r gyfran o ddyled gyhoeddus y DU a gafodd ei 'dyrannu' gan yr ONS i Gymru ar sail per capita. Cyfrifoldeb cyfreithiol y DU yw'r ddyled hon, a dim ond yn wirfoddol y gellid gwneud unrhyw gytundeb i Lywodraeth Cymru y dyfodol ddod yn gyfrifol am beth o'r ddyled, fel rhan o'r negodiadau ehangach. Mewn gwirionedd, oherwydd maint y diffyg cyhoeddus dros ddegawdau, nid yw 'Cymru' wedi gwneud unrhyw gyfraniadau i ad-daliadau dyled y DU mewn llawer o flynyddoedd wrth iddi gynnal diffyg cyllidol yn nhermau'r Trysorlys.

Yn ymarferol, caiff swm o wariant ad-dalu dyled ei ddyrannu i Gymru, ac unig effaith hynny yw cynyddu'r

However, as negotiations will cover a wide range of issues, it may well be overly optimistic to expect the UK to fully honour these costs, even though it would be fully logical for a future government of Wales to insist that they should. Therefore, the re-calculated fiscal gap in Table 2 is based on an outcome where the UK pays the full cost of state pensions, but only the net current expenditure on employment-based pensions.

UK public debt

The second largest element of the fiscal gap relates to the share of UK public debt, which has been 'allocated' by the ONS to Wales on a per capita basis. This debt is the legal responsibility of the UK, and any agreement from the future Welsh Government to take over some of the debt could only be agreed voluntarily, as part of wider negotiations. In reality, because of the scale of the public deficit over decades, 'Wales' has not made any contribution to UK debt repayments in many years as it runs a fiscal deficit in Treasury terms.

In practice, an amount of debt repayment expenditure is allocated to Wales, whose only effect is to increase the fiscal gap. This cost is covered by the UK Treasury. Therefore, there would be no real additional cost to the UK, compared to what they have been paying over many years. When the Irish Free State was created, the allocated share of UK debt was written off in 1925 when the new Irish Government accepted the Boundary Commission report that delineated the border between north and south. The UK regarded this as the finalisation of the transition from the point of view of UK law.[23] In the event of a vote to create an independent Wales, it is very likely that Wales would be leaving the UK in accordance with the provisions of UK law. The Irish Free State precedent is, therefore, relevant.

63

bwlch cyllidol. Caiff y gost hon ei thalu gan Drysorlys y DU. Felly, ni fyddai unrhyw wir gost ychwanegol i'r DU o gymharu â'r hyn y buont yn ei dalu dros flynyddoedd lawer. Pan gafodd Gwladwriaeth Rydd Iwerddon ei chreu, cafodd y gyfran a ddyrannwyd o ddyled y DU ei dileu yn 1925 pan dderbyniodd llywodraeth newydd Iwerddon adroddiad y Comisiwn Ffiniau yn gosod y ffin rhwng y gogledd a'r de. Ystyriai'r DU hyn yn gwblhau'r trosiant o safbwynt cyfraith y DU.[23] Mewn pleidlais i greu Cymru annibynnol, mae'n debygol iawn y byddai Cymru yn gadael y DU yn unol â darpariaethau cyfraith y DU. Felly mae cynsail Gwladwriaeth Rydd Iwerddon yn berthnasol.

Mewn achosion rhyngwladol tebyg, cafodd asedau yn ogystal ag atebolrwydd eu dosbarthu rhwng dwy wladwriaeth olynol, a bu'r cyd-destun gwleidyddol ar gyfer y negodiadau hyn yn bwysig.[24] Mae cynsail rhyngwladol yn awgrymu pe byddai Llywodraeth y DU mewn negodiadau yn ystod trosiant yn gwthio i Gymru gymryd cyfran o ddyled y DU, y byddai gan Gymru wedyn hawl i gyfran gymesur o asedau'r DU tu allan i Gymru – yn sefydliadau cenedlaethol yn seiliedig ledled y DU a hefyd eiddo llysgenhadaethau a gwladol tu allan i diriogaeth y DU. Er ei bod yn bosibl gosod gwerth ar gyfran Cymru o asedau'r DU tu allan i Gymru, mae'n llawer mwy tebygol y byddid yn dod i ryw fath o gytundeb aros yn ei unfan. Yn y sefyllfa hon byddai Cymru annibynnol newydd yn ildio ei hawl i ran o eiddo 'cenedlaethol' y DU y tu allan i Gymru ac asedau'r DU dramor, ac yn ôl am hynny ni fyddai'r DU yn ceisio trosglwyddo cyfran o ddyled genedlaethol y DU i Gymru annibynnol.

Mewn peth sylwebaeth gyhoeddus, dadleuwyd gan fod Llywodraeth yr Alban dan arweiniad yr SNP wedi cytuno i gymryd cyfran pro-rata o bensiynau a hefyd ddyledion, yna y byddai'n rhaid i Gymru annibynnol (neu yn wir Iwerddon Unedig) wneud yr un fath. Nid oes unrhyw ddadansoddydd

In comparable international cases, assets as well as liabilities were distributed between two successor states, and the political context for these negotiations has been important.[24] International precedent suggests that, if in negotiations during transition the UK Government pushed to have Wales take over a share of UK debt, Wales would then be entitled to a proportionate share of UK assets outside of Wales – both national institutions based throughout the UK, and embassy and state properties outside the UK territory. While it is possible to value Wales's share of UK assets outside of Wales, it is much more probable that some form of standstill agreement would be reached. In this scenario the new independent Wales would waive its rights to a share of UK 'national' property outside of Wales and of UK assets abroad, and in return the UK would not seek to transfer a proportion of the UK national debt to an independent Wales.

In some public commentary it has been argued that, as the Scottish Government led by the Scottish National Party (SNP) agreed to take on a pro-rata share of both pensions and debt, then an independent Wales (or indeed a United Ireland) would have to do the same. No credible analyst in Ireland believes that a United Ireland would volunteer to pay back debt which was legally the responsibility of the UK, and there is a compelling case that this would not be the case in Wales, and indeed that Scotland did not need to make this offer. The 'remaining UK' would clearly be what is called the 'continuator' state of the UK in international law. They would absolutely want to maintain this legal position. The 'remaining UK' would, for example, wish to keep the UK seat and the UK veto on the United Nations Security Council, and would obviously wish to do so without having to negotiate such a transition with the USA, France, China and Russia. Therefore, as the 'continuator' state they will have full legal liability for the national debt

credadwy yn Iwerddon yn credu y byddai Iwerddon Unedig yn gwirfoddoli i ad-dalu dyled a oedd yn gyfreithiol yn gyfrifoldeb y DU ac mae achos cryf na fyddai hyn yn wir yng Nghymru, ac yn wir nad oedd yn rhaid i'r Alban wneud y cynnig hwn. Byddai'r 'DU weddilliol' yn amlwg yr hyn a elwir yn wladwriaeth 'barhaus' y DU mewn cyfraith ryngwladol. Byddent yn bendant eisiau cadw'r sefyllfa gyfreithiol hon. Byddai'r 'DU weddilliol' er enghraifft yn dymuno cadw sedd y DU a feto'r DU ar Gyngor Diogelwch y Cenhedloedd Unedig a byddent yn amlwg yn dymuno gwneud hynny heb orfod negodi trosiant o'r fath, gyda'r Unol Daleithiau, Ffrainc, China a Rwsia. Felly fel gwladwriaeth 'barhaus' byddai ganddynt atebolrwydd cyfreithiol lawn dros ddyled genedlaethol y DU. Nid oes unrhyw ofyniad cyfreithiol i wladwriaeth Cymru newydd dderbyn unrhyw atebolrwydd am y ddyled hon.

Mewn gwirionedd, er na chaiff hynny ei drafod fel arfer, derbyniodd Llywodraeth y DU yn ystod refferendwm yr Alban yn 2014, *"In the event of Scottish independence from the United Kingdom (UK), the continuing UK Government would in all circumstances honour the contractual terms of the debt issued by the UK Government... a share of the outstanding stock of debt instruments that have been issued by the UK would not be transferred to Scotland"*. Wrth gwrs, barn Llywodraeth y DU oedd, *"an independent Scottish state would become responsible for a fair and proportionate share of the UK's current liabilities"* – ond roedd hynny ar sail cytundeb dwyochrog rhwng yr Alban a'r DU weddilliol – ac nid oedd yn seiliedig ar unrhyw atebolrwydd cyfreithiol gan Alban annibynnol.

Wrth gwrs, gallai Cymru annibynnol wirfoddoli i dderbyn dyled fel rhan o becyn ehangach, pe byddai'r DU yn gwneud gwrthgynnig cryf ar ryw fater arall, ond byddai angen i hynny fod yn ariannol werth chweil i'r wladwriaeth newydd. Ni fyddai unrhyw orfodaeth gyfreithiol i wneud hynny.

Mae data'r ONS yn rhoi ffigur o £2.672m fel cyfraniad

of the UK. There is no legal requirement for a new Welsh state to accept any liability for this debt.

In fact, though not commonly discussed, the UK Government accepted during the 2014 Scottish referendum that, 'In the event of Scottish independence from the United Kingdom (UK), the continuing UK Government would in all circumstances honour the contractual terms of the debt issued by the UK Government... a share of the outstanding stock of debt instruments that have been issued by the UK would not be transferred to Scotland.' Of course, the UK Government took the view that, 'an independent Scottish state would become responsible for a fair and proportionate share of the UK's current liabilities' – but that was on the basis of a bilateral agreement between Scotland and the UK – and was not based on any legal liability by an independent Scotland.

An independent Wales may, of course, volunteer to take on debt as part of a wider package, if the UK made a strong counteroffer on some other issue, but it would need to be financially worthwhile for the new state. There would be no legal liability to do so.

ONS data gives a figure of £2.672m as Wales's 2019 contribution to re-payments on the UK national debt.[25] Table 2 entirely excludes this figure, as Wales would have no legal liability to pay any part of it. If negotiations on a transition to an independent Wales conclude with the government of Wales agreeing to voluntarily take on some element of UK public debt, as part of a wider agreement, the inclusion of Wales's potential share of assets would significantly reduce the amount at stake compared to the subvention calculation at present. Certainly, if the UK simply reneged on any responsibilities for pension payments, it would seem highly unlikely that a future government of Wales would agree to repay any loans for which they had no legal responsibility. Therefore, it is impossible that the level of the fiscal gap

Cymru yn 2019 i ad-daliadau ar ddyled genedlaethol y DU.[25] Mae Tabl 2 yn eithrio'r ffigur hwn yn llawn gan na fyddai gan Gymru unrhyw atebolrwydd cyfreithiol i dalu unrhyw ran ohono. Pe byddai negodiadau ar drosiant i Gymru annibynnol yn dod i ben gyda llywodraeth Cymru yn cytuno i dderbyn yn wirfoddol ryw elfen o ddyled gyhoeddus y DU, fel rhan o gytundeb ehangach, byddai cynnwys cyfran bosibl Cymru o asedau yn gostwng yn sylweddol y swm dan sylw o gymharu â'r cyfrifo cymhorthdal ar hyn o bryd. Yn sicr, pe byddai'r DU yn gwadu unrhyw gyfrifoldebau am daliadau pensiwn byddai'n ymddangos yn annhebygol iawn y byddai llywodraeth Cymru yn y dyfodol yn cytuno i ad-dalu unrhyw fenthyciadau nad oedd ganddi unrhyw gyfrifoldeb cyfreithiol amdanynt. Felly, mae'n amhosibl y byddai lefel y bwlch cyllido fyddai'n effeithio ar Gymru annibynnol yn cynnwys pensiynau a hefyd ddyled.

Amddiffyn
Yr elfen drydedd fwyaf yn y bwlch cyllidol a ddyrannwyd i Gymru yw swm o £1.9bn y flwyddyn a ddyrannwyd i Gymru fel ei chyfran o wariant amddiffyn ar draws y Deyrnas Unedig. Mae hyn yn hollol ar wahân i gostau eraill cysylltiedig â diogelwch, tebyg i'r heddlu, llysoedd a charchardai a gaiff eu dynodi ar wahân. Dim ond cyfran fach iawn o'r gwariant hwn sy'n digwydd yng Nghymru ac mae'n cynnwys, er enghraifft, gyfraniad pro-rata i raglen arfau niwclear y DU ac ymrwymiadau rhyngwladol y DU yn Irac ac Affganistan.

I roi'r ffigur hwn mewn cyd-destun, mae gwariant cyfartalog yr Undeb Ewropeaidd ar amddiffyn tua 1.3 y cant o GDP, er fod llawer o wledydd llai yn gwario llawer llai na hynny. Mae'n amlwg fod lefel y gwariant ar amddiffyn mewn Cymru annibynnol yn fater ar gyfer llywodraeth yn y dyfodol, ond byddai dyrannu 1.3 y cant o GDP yn gweld cyllideb o tua £980m, a fyddai'n arbediad o £922m o'r dyraniad a gynhwysir yn nata'r bwlch cyllidol ar gyfer Cymru ONS

impacting an independent Wales would include both pensions and debt.

Defence

The third largest element of the fiscal gap allocated to Wales is an amount of £1.9bn per annum which is allocated to Wales as its share of UK-wide defence expenditure. This is entirely separate from other security-related costs, such as the police, courts, and prisons which are identified separately. Only a tiny proportion of this expenditure takes place in Wales and it includes, for example, a pro-rata contribution to the UK nuclear weapons programme and the UK's international commitments in Iraq and Afghanistan.

To put this figure in context, the average EU expenditure on defence is approximately 1.3% of GDP, though many smaller countries spend far less than that. The level of defence spending in an independent Wales is obviously a matter for a future government, but allocating 1.3% of GDP would see a budget of around £980m which would represent a saving of £922m from the allocation included in the 2019 ONS fiscal gap data for Wales, and that reduction is included in Table 2. Even so, 1.3% of GDP would still be a very significant defence budget. For comparison, the current defence budget of Ireland is one billion Euros (0.50% of GNI) – with a population 42% higher and a much larger sea area to patrol. While the Irish Government has just agreed a significant increase in the defence budget, it is likely to remain well below 1% of GNI/GDP – perhaps equivalent to Austria at 0.8% of GDP.

Accounting adjustments

Accounting adjustments added a further £3.68bn to the expenditure allocated to Wales in 2019. This figure is primarily an accounting treatment of capital depreciation and of VAT refunds, and is offset on the revenue side in

2019 a chaiff y gostyngiad hwnnw ei gynnwys yn Nhabl 2. Hyd yn oed wedyn, byddai 1.3 y cant o GDP yn dal i fod yn gyllideb amddiffyn sylweddol iawn. I gymharu, mae cyllideb amddiffyn gyfredol Iwerddon yn €1 miliwn (0.50 y cant o GNI) – gyda phoblogaeth 42 y cant yn fwy a llawer mwy o arwynebedd môr i'w batrolio. Er bod Llywodraeth Iwerddon newydd gytuno i gynnydd sylweddol yn y gyllideb amddiffyn, mae'n debygol o barhau gryn dipyn yn is na 1 y cant o GNI/GDP – efallai'n gyfwerth ag Awstria ar 0.7 y cant o GDP.

Addasiadau cyfrifyddu
Mae addasiadau cyfrifyddu yn ychwanegu £3.68bn i'r gwariant a ddyrannwyd i Gymru yn 2019. Mae'r ffigur hwn yn bennaf yn driniaeth cyfrifyddu dibrisiant cyfalaf ac addaliadau TAW a chaiff ei wrthbwyso ar yr ochr refeniw mewn termau de facto gan yr ONS, fel rhan o'r Gwarged Gweithredu Crynswth (£2.63bn). Er mai effaith net addasiadau o'r fath ar yr ochr refeniw a hefyd yr ochr gwariant yw cynyddu'r bwlch cyllidol gan ychydig dros £1bn, mae'n anodd datod manylion y balans, ac felly ni wneir unrhyw ostyngiad pellach yn y rhagamcan o'r bwlch cyllidol ar y sail hon yn Nhabl 2, ac mae unrhyw arbedion ychwanegol i Gymru annibynnol yn y dyfodol yn debygol o fod yn gyfyngedig.

Gwariant tu allan i'r Deyrnas Unedig
Mae'r ONS yn dyrannu £1.24bn o wariant i Gymru fel cyfraniad pro-rata i wariant gwladwriaeth y DU tu allan i diriogaeth y DU.[26] Dadansoddiad cyfyngedig iawn sydd o'r gwariant hwn, ond mae'n cynnwys cyfran Cymru fel rhan o gyfraniad y Deyrnas Unedig i'r Undeb Ewropeaidd dan y Cytundeb Ymadael, ynghyd â chostau a wneir yn rhyngwladol gan y Swyddfa Dramor a chymorth tramor. Fodd bynnag, mae costau cenadaethau diplomatig rhyngwladol a chymorth datblygu yn ddewisiadau polisi ar gyfer y dyfodol, sy'n cystadlu gyda rhaglenni domestig. Nid ydynt yn wariant

de facto terms by the ONS as part of the Gross Operating Surplus (£2.63bn). While the net impact of such adjustments, on both the revenue and expenditure side, is to increase the fiscal gap by just over £1bn, the detail of the balance is hard to untangle, and therefore no further reduction in the projected fiscal gap is made on this basis in Table 2, and any additional saving to a future independent Wales are likely to be limited.

Outside of UK expenditure

£1.24bn of expenditure is allocated to Wales by the ONS as a pro-rata contribution to UK state expenditure outside the territory of the UK.[26] There is a very limited breakdown of this expenditure, but it includes Wales's share of the UK's EU contribution under the Withdrawal Agreement, along with the internationally incurred costs of the Foreign Office and overseas aid. However, the costs of international diplomatic missions and development aid are future policy choices, competing with domestic programmes. They are not legacy public spending that would have to be met on day one. As such, they should not be considered part of the fiscal gap to be inherited, but rather one of the many policy choices facing a newly independent Wales. It seems unlikely that such costs would be of this order of magnitude, given Wales's size, regardless of future government decisions. It would be unusual for the internationally-based costs of the diplomatic and aid budget to be significantly larger than a country's defence budget. Therefore it would be reasonable to reduce this cost in line with the figures for defence (for which more comparable international data is available). Table 2 therefore reduces this 'outside of UK' expenditure by 50%, or £620m per annum.

Of course, a smaller state such as an independent Wales loses some economies of scale compared to a larger state, in both the cost of running embassies abroad, or indeed

cyhoeddus gwaddol y byddai'n rhaid eu talu ar y diwrnod cyntaf. O'r herwydd, ni ddylent gael eu hystyried yn rhan o'r bwlch cyllidol a gaiff ei etifeddu, ond yn hytrach yn un o'r llu o ddewisiadau polisi fyddai'n wynebu Cymru ar ôl iddi ddod yn annibynnol. Ymddengys yn annhebyg y byddai costau o'r fath o'r maint hwn, o gofio am faint Cymru, beth bynnag fyddai penderfyniadau llywodraeth y dyfodol. Byddai'n anarferol i gostau rhyngwladol y gyllideb ddiplomatig a chymorth fod yn sylweddol uwch na chyllideb amddiffyn y wlad. Felly byddai'n rhesymol i ostwng y gost hon yn unol â'r ffigurau ar gyfer amddiffyn (y mae data rhyngwladol rhwyddach eu cymharu ar gael). Mae Tabl 2 felly'n gostwng y gwariant 'tu allan i'r DU' hwn gan 50%, neu £620m y flwyddyn.

Wrth gwrs, mae gwladwriaeth fach tebyg i Gymru annibynnol yn colli rhai arbedion maint o gymharu â gwladwriaeth fwy, mewn cost rhedeg llysgenadaethau tramor neu yn wir greu adrannau ac asiantaethau gwladol newydd ar gyfer meysydd nad ydynt wedi eu datganoli ar hyn o bryd. Fodd bynnag, ni fyddai hyn yn ychwanegu at y bwlch cyllidol. Mae Cymru eisoes yn talu cyfran pro-rata o'r costau hyn – ar gyfer costau canolog asiantaethau domestig a hefyd gwariant rhyngwladol. Byddai llysgenhadaeth Cymru yn Washington neu Berlin yn llai, a byddai llai o lysgenadaethau o amgylch y byd. Gallai llywodraethau llai, yn nes at eu dinasyddion, yn rhwydd fedru darparu gwasanaethau cyhoeddus yn fwy effeithiol, gyda llai o fiwrocratiaeth neu orbenion gweinyddol. Fodd bynnag, hyd yn oed os na fyddai gwelliant mewn effeithiolrwydd gweinyddol, byddai cyflogeion yn talu treth incwm yng Nghymru yn y dyfodol yn hytrach nag mewn rhan wahanol o'r Deyrnas Unedig. Mae'r trefniadau presennol yn gostwng refeniw trethiant uniongyrchol a hefyd fuddion economaidd eraill o gymharu gyda sefyllfa lle byddai'r cyflogeion hynny yn seiliedig yng Nghymru ac yn talu trethiant yng Nghymru. Caiff hyn ei drafod ymhellach islaw fel rhan o'r dadansoddiad trethiant.

in creating new state departments and agencies for areas that are not currently devolved. However, this would not add to the fiscal gap. Wales already pays a pro-rata share of these expenses – for the central costs of both domestic agencies and international spending. Wales's embassy in Washington or Berlin will be smaller, and there will be fewer embassies around the world. Smaller polities, closer to their citizens, may well be able to deliver public services more efficiently, with less bureaucracy or administrative overheads. However, even if there was no improvement in administrative efficiency, employees in future would be paying income tax in Wales rather than in a different part of the UK. The current arrangements reduce both the direct tax revenue and other economic benefits, compared to a situation where those employees would be based in Wales, and paying tax in Wales. This is discussed further below as part of the analysis of taxation.

Underestimates of Wales's share of UK tax
As discussed above, taxes such as Corporation Tax, Capital Gains Tax and VAT are generally paid by companies from their head office regardless of where that profit was earned, or activities conducted. This exaggerates the tax earned in London, on ONS accounts, as London is the head office address of many companies which have operations throughout the UK, whereas there are far fewer companies headquartered outside London which make most of their profit in London. The impact of this is to under-report the relevant taxes for Wales and other regions. FitzGerald and Morgenroth have recalculated these taxes for Northern Ireland based on the Northern Ireland ratio of UK Gross Operating Surplus, rather than per capita, to better estimate Northern Ireland tax revenues.[27] Utilising GDP figures would give a similar result.

FitzGerald and Morgenroth argued that if National Gross

73

Amcangyfrif rhy isel o gyfran Cymru o drethiant y Deyrnas Unedig

Fel y trafodir uchod, fel arfer caiff trethi fel y Dreth Gorfforaeth, Treth Enillion Cyfalaf a Threth ar Werth eu talu gan gwmnïau o'u pencadlys lle bynnag y gwnaed yr elw hwnnw neu lle y gwnaed y gwaith. Mae hyn yn chwyddo'r dreth a enillir yn Llundain yng nghyfrifon yr ONS gan mai Llundain yw cyfeiriad pencadlys llawer o gwmnïau sydd yn gweithredu ledled y DU, gyda llawer llai o gwmnïau gyda phencadlys tu allan i Lundain sy'n gwneud y rhan fwyaf o'u helw yn Llundain. Effaith hyn yw rhoi amcangyfrif rhy isel o'r trethi perthnasol ar gyfer Cymru a rhanbarthau eraill. Mae FitzGerald a Morgenroth wedi ailgyfrifo y trethi hyn ar gyfer Gogledd Iwerddon yn seiliedig ar gymhareb Gogledd Iwerddon o Warged Gweithredu Crynswth y DU, yn hytrach na per capita, i roi amcangyfrif gwell o refeniw treth Gogledd Iwerddon.[27] Byddai defnyddio ffigurau GDP yn rhoi canlyniad tebyg.

Dadl FitzGerald a Morganroth yw y byddai defnyddio'r Gwarged Gweithredu Crynswth Cenedlaethol fel mesur o werth economaidd a chyfran Gogledd Iwerddon i gyfrifo ei chyfran o dreth gorfforaethol yn cynyddu 'dyraniad' Gogledd Iwerddon o'r dreth gorfforaeth a godir yn ganolog gan ychydig dros £500m. Dim ond 1.4% o refeniw treth gorfforaeth y DU a ddyrannwyd i Ogledd Iwerddon yn nata'r ONS, tra bod Gwarged Gweithredu Crynswth Gogledd Iwerddon yn 2.3% o ffigur y DU (yn fras gyfatebol i GDP Gogledd Iwerddon fel canran o GDP y DU sef 2.2%).

Mae data'r ONS yn dyrannu dim ond 1.8 y cant o Dreth Enillion Cyfalaf y DU a 2.5 cant o Dreth Gorfforaeth y DU i Gymru. Gan wneud yr un addasiad ar gyfer Cymru, fel y tybid bod Treth Gorfforaeth a'r Dreth Enillion Cyfalaf yn adlewyrchu GDP cymharol Cymru a'r DU yn gyfan, byddai'r refeniw a ddyrennir i Gymru yn ystadegol gan yr ONS yn cynyddu i 3.5 y cant o bob treth. Byddai hyn yn cynyddu'r refeniw a ddyrennir i Gymru gan £735m yn y flwyddyn yn diweddu yn 2019.

Operating Surplus was used as a measure of economic value and Northern Ireland's share was used to calculate its share of Corporation Tax, this would increase the Northern Ireland 'allocation' of centrally raised Corporation Tax by just over £500m. Northern Ireland was allocated only 1.4% of the UK's Corporation Tax revenue in ONS data, whereas Northern Ireland's Gross Operating Surplus was 2.3% of the UK figure (roughly equivalent to Northern Ireland's GDP as a percentage of the UK's, which is 2.2%).

ONS data allocates Wales just 1.8% of UK Capital Gains Taxes and 2.5% of UK Corporation Taxes. Making the same adjustment for Wales, so that Corporation Tax and Capital Gains Taxes are assumed to reflect the relative GDP of Wales and the UK as a whole, would see the revenue allocated to Wales statistically by the ONS increase to 3.5% of each tax. This would increase revenue allocated to Wales by £735m in year ending 2019.

The Sustainable Growth Commission in Scotland examined the issue of revenues associated with transferred employees and the cost of new employees associated with the establishment of new departments and agencies to deal with issues not currently devolved. They concluded that there would be transitional costs of £450m over a five-year period immediately before and after independence, over and above costs which were being paid already – or approximately £90m a year. However, they calculated these costs would be more than offset by other long-term benefits.[28]

The Commission estimated that there would be savings of £400m a year, compared to ONS data, in areas that Scotland contributes to UK costs that will no longer be required, such as costs allocated to Scotland associated with running costs of the House of Commons and the House of Lords, the Scotland Office, and Whitehall Department running costs that will not need to be duplicated in Scotland. A

Tabl 2: Ailgyfrifo'r bwlch cyllidol i adlewyrchu'r elfennau hynny sy'n berthnasol i Gymru annibynnol

	£000m	£000m
Diffyg y DU yn ôl Ystadegau ONS, 2019		13,462
Arbediad o'r ffigur hwn fel y trafodir uchod:		
• Pensiynau'r DU	5,906	
• Costau dyled dyranedig y DU	2,672	
• Gostyngiad yn nyraniad Amddiffyn y DU i ffigur cyfartalog y DU o 1.3% GDP	922	
• Gwariant tu allan i'r DU, gostyngiad maint	620	
• Amcangyfrif rhy isel o drethiant oherwydd effaith 'pencadlys' cwmnïau seiliedig yn Llundain	735	
Cyfanswm addasiadau i'r bwlch cyllidol yn cario drosodd i Gymru annibynnol		10,855
Bwlch cyllidol sy'n parhau, cyn penderfyniadau polisi		**2,607**

Edrychodd Comisiwn Twf Cynaliadwy yr Alban ar fater refeniw yn gysylltiedig gyda chyflogeion a drosglwyddwyd a chostau cyflogedigion newydd yn gysylltiedig gyda sefydlu adrannau ac asiantaethau newydd i drin materion nad ydynt wedi eu datganoli ar hyn o bryd. Daethant i'r casgliad y byddai costau trosiannol o £450m dros gyfnod o bum mlynedd yn union cyn ac ar ôl annibyniaeth, yn ychwanegol at gostau oedd yn cael eu talu eisoes – neu tua £90m y flwyddyn. Fodd bynnag, fe wnaethant gyfrifo y byddai'r costau hyn yn cael mwy na'u gwrthbwyso gan fuddion hirdymor eraill.[28]

Amcangyfrifodd y Comisiwn y byddai arbedion o £400m y flwyddyn, o gymharu gyda data'r ONS, mewn meysydd lle mae'r Alban yn cyfrannu at gostau'r DU na fydd mwyach eu hangen, tebyg i gostau a ddyrannwyd i'r Alban yn gysylltiedig gyda chostau rhedeg Tŷ'r Cyffredin a Thŷ'r Arglwyddi, Swyddfa yr Alban ac Adran Whitehall. na fydd angen eu

Table 2: A recalculated fiscal gap to reflect those elements relevant to an independent Wales

	£000m	£000m
Published UK deficit by ONS Statistics, 2019		13,462
Saving from this figure as discussed above:		
• UK pensions	5,906	
• Allocated UK debt charges	2,672	
• Reduction in UK Defence allocation to average EU figure of 1.3% GDP	922	
• Outside of UK expenditure, reduction of scale	620	
• Tax underestimate due to 'HQ' effect of London-based companies	735	
Total adjustments to fiscal gap carrying over to a independent Wales		10,855
Remaining fiscal gap, before policy decisions		**2,607**

similar saving for Wales would reduce the fiscal gap by approximately £230m.

The Commission also estimated that approximately £2.4bn of central expenditure which is currently allocated to Scotland, but actually spent elsewhere, for example on staff costs in London, would transfer to Scotland after independence and so generate taxation revenues. Almost 70% of this expenditure would be on staff wages and purchases of goods and services, and of this almost 37% would be expected to be taxation revenues, giving a boost to Scottish tax revenues of £600m a year.[29] A similar boost to Welsh revenues from the transfer of staff (or hiring of new staff) for which Wales is already paying, would see revenue raised from taxation increase by approximately £350m a year. This would more than comfortably pay for any transition costs or any loss of economies of scale. The calculation of the fiscal gap does not make any further

dyblygu yn yr Alban. Byddai arbediad tebyg ar gyfer Cymru yn gostwng y bwlch cyllidol gan tua £230m.

Fe wnaeth y Comisiwn hefyd amcangyfrif y byddai £2.4bn o wariant canolog a gaiff ei ddyrannu i'r Alban ar hyn o bryd, ond sydd mewn gwirionedd yn cael ei wario mewn man arall, er enghraifft ar gostau staff yn Llundain, yn trosglwyddo i'r Alban ar ôl annibyniaeth ac felly yn cynhyrchu refeniw trethiant. Byddai bron 70 y cant o'r gwariant hwn ar gyflogau staff a phrynu nwyddau a gwasanaethau, ac o hyn disgwylid y byddai bron 37 y cant yn refeniw trethiant, gan roi hwb o £600m y flwyddyn i refeniw trethiant yr Alban.[29] Byddai hwb tebyg i refeniw Cymru o drosglwyddo staff (neu gyflogi staff newydd) y mae Cymru eisoes yn talu amdanynt yn gweld trethiant yn cynyddu gan tua £350m y flwyddyn. Byddai hyn yn fwy na thalu am unrhyw gostau trosiant neu unrhyw golled o arbedion maint. Nid yw cyfrifo y bwlch cyllidol yn gwneud unrhyw newid pellach i adlewyrchu'r arbedion hyn a threthiant ychwanegol, ond mae'n rhoi clustog ariannol eithaf sylweddol – tua £580m y flwyddyn, hyd yn oed ar ôl caniatáu ar gyfer rhai costau trosiannol.

Dim rhwystr cyllidol i annibyniaeth

Mae'r ffordd y caiff diffyg cyfredol Cymru ei gyfrifo gan yr ONS yn ddigon clir i ddadansoddiad gwleidyddol benderfynu pa agweddau o'r nawdd fyddai'n berthnasol i Gymru annibynnol. Penderfynodd y dadansoddiad hwn y byddai'r ffigur tua £2.6bn, yn sylweddol is na'r ffigur o £13.5bn, a gaiff ei roi'n aml yn y cyfryngau.

Nid yw'r dadansoddiad a gyflwynir yma yn cynnwys unrhyw addasiadau i gyfrif am dwf economaidd posibl. Mae'r rhain yn faterion ar gyfer penderfyniadau polisi yn y dyfodol ac nid yn rhan o'r bwlch cyllidol a etifeddir. Ni chynhwyswyd costau gosod cyfalaf unigol dechreuol, na chwaith y cynnydd mewn refeniw trethiant fydd yn llifo o'r gwariant cyhoeddus anadnabyddadwy, mewn meysydd

amendment to reflect these savings and additional taxation, but it does give a financial buffer of some significance – of approximately £580m a year, even allowing for some transitional costs.

There is no fiscal barrier to independence

The way in which the current Welsh deficit is calculated by the ONS is sufficiently clear for a political analysis to determine which aspects of this subvention will be relevant for an independent Wales. This analysis has determined that the figure will be approximately £2.6bn, significantly lower that the figure of £13.5bn frequently quoted in the media.

The analysis presented here includes no adjustments to account for possible economic growth. These are matters for future policy decisions and not part of the fiscal gap that would be inherited. Initial one-off capital set-up costs have not been included, and neither has the increased tax revenue that will flow from the unidentifiable public expenditure, in areas such as public administration and defence currently spent elsewhere in the UK that will be repatriated to Wales. While it is only possible to estimate their impact, neither will make a major difference to the overall fiscal position.

What is very clear, however, is that the published fiscal gap figure of £13.5bn is almost irrelevant for the purpose of estimating the likely costs of an independent Wales. There will be an inherited deficit of approximately £2.6bn. At just over 3% of GDP, this is certainly well within the range of sovereign independent state deficits that an advanced economy such as Wales would be able to fund through borrowing.

Our analysis here only covers the fiscal position in year one of a newly independent Wales. In the years following, a range of important factors will impact on that figure,

tebyg i weinyddiaeth gyhoeddus ac amddiffyn a gaiff ei wario mewn man arall yn y Deyrnas Unedig a ddychwelir i Gymru. Er mai dim ond amcangyfrif ei effaith sy'n bosibl, ni fydd ychwaith yn gwneud gwahaniaeth mawr i'r sefyllfa gyllidol yn gyffredinol.

Yrr hyn sy'n glir iawn, serch hynny, yw fod y ffigur bwlch cyllidol o £13.5bn a gyhoeddwyd bron yn amherthnasol ar gyfer diben amcangyfrif costau tebygol Cymru annibynnol. Etifeddir diffyg o tua £2.6bn. Ar ychydig dros 3 y cant o GDP, mae hyn yn sicr yn rhwydd o fewn yr ystod o ddiffygion gwladwriaethau annibynnol sofran y gallai economi ddatblygedig tebyg i Gymru ei gyllido drwy fenthyca.

Dim ond y sefyllfa gyllidol ym mlwyddyn gyntaf Cymru annibynnol newydd mae ein dadansoddiad yn ei gynnwys. Bydd ystod o ffactorau pwysig yn effeithio ar y ffigur hwnnw, yn gadarnhaol ac yn negyddol, yn y blynyddoedd dilynol. Maent yn cynnwys perfformiad economaidd a phenderfyniadau polisi cyhoeddus ar drethiant a gwariant, ynghyd â phenderfyniad y DU ar bensiynau.[30] Byddai penderfyniad gan y DU i dalu ei rhwymedigaeth lawn am bensiynau, yn bensiynau gwladol a hefyd yn bensiynau sector cyhoeddus, yn rhoi gwarged cyllido bychan yn y blynyddoedd cynnar, pe byddai'r cyfraniadau pensiwn hynny yn cael eu trin fel refeniw llywodraeth de facto yn yr un modd â'r DU.

Yr hyn y gallwn ei ddweud yn gadarn yw na fyddai'r sefyllfa gyllidol bresennol yn cyfyngu'n enfawr ar effaith economaidd Cymru annibynnol. Byddai'r diffyg cyllidol fyddai'n wynebu Cymru annibynnol yn arferol ar gyfer gwledydd tebyg ac ni fyddai mewn unrhyw ffordd yn cyflwyno'r rhwystr neu lyffethair mawr y mae eraill wedi ceisio ei gyfleu.

Mae gan hyn oblygiadau sylweddol i'r drafodaeth ar ddymunoldeb, dichonolrwydd ac amseriad annibyniaeth i Gymru. Oherwydd maint tybiedig y 'bwlch cyllido', anghywir fel yr ydym yn awr wedi ei ddangos, y dybiaeth hyd yma yw

both positively and negatively. They include economic performance and public policy decisions over tax and expenditure, along with the UK decision on pensions.[30] A UK decision to cover its full liability for pensions, both state pensions and public sector pensions, would produce a modest fiscal surplus in the early years if those pension contributions were treated as de facto government revenue in the same manner as the UK.

What we can say robustly is that the economic impact of an independent Wales is not hugely constrained by the existing fiscal situation. The fiscal deficit that an independent Wales would face would be normal for comparable countries, and in no way presents the major obstacle or impediment which others have sought to present.

This has major implications for the debate on the desirability, feasibility and timing of Welsh independence. Because of the assumed scale of the 'fiscal gap', incorrect as we now have demonstrated, the assumption hitherto has been that Wales needs to become a stronger economy within the UK before independence can be considered as 'realistic'.

We would invert the logic and the sequencing in this argument. The real question that needs to be posed is whether there is any realistic prospect of Wales significantly improving its economic performance inside the UK. There has been no significant convergence of the economic performance of the UK's nations and regions over the last half-century. Explanations for the highly concentrated UK economy, which focus on geographical periphery as the cause, almost all fail to explain the economic success of the Republic of Ireland (more peripheral) or the degree of convergence in the EU over the past 50 years.

Rather than something that has to wait until Wales is in a better position inside the UK – an unlikely prospect in our view – we believe independence is the necessary first step

fod angen i Gymru ddod yn economi gryfach o fewn y DU cyn y gellir ystyried annibyniaeth fel bod yn 'realistig'.

Byddem yn troi'r rhesymeg a threfn y ddadl honno ar i waered. Y cwestiwn gwirioneddol sydd angen ei ofyn yw a oes unrhyw debygrwydd realistig Cymru y gallai Cymru wella ei pherfformiad economaidd yn sylweddol tu mewn i'r DU. Ni fu unrhyw gydgyfeiriad sylweddol ym mherfformiad economaidd cenhedloedd a rhanbarthau'r DU dros yr hanner canrif diwethaf. Mae bron yr holl esboniadau am economi grynodedig iawn y DU, sy'n canolbwyntio ar natur ymylol ddaearyddol fel achos, bron i gyd yn methu esbonio llwyddiant economaidd Gweriniaeth Iwerddon (sy'n fwy ymylol) neu'r raddfa o gydgyfeiriad yn y Deyrnas Unedig dros y 50 mlynedd diwethaf.

Yn hytrach na bod yn rhywbeth sy'n rhaid iddo aros nes bod Cymru mewn sefyllfa well tu mewn i'r Deyrnas Unedig – rhywbeth y credwn ni sy'n annhebyg o ddigwydd – credwn mai annibyniaeth yw'r cam cyntaf angenrheidiol tuag at economi gryfach a thecach. Ein gwaith ar y bwlch cyllidol, a gyhoeddwyd mewn cysylltiad â'r dystiolaeth hon, yw'r cam cyntaf a gaiff ei ddilyn drwy ddatblygu model economaidd newydd ar gyfer Cymru annibynnol.

towards a stronger and fairer economy. Our work on the fiscal gap, published in conjunction with this evidence, is the first step, to be followed by developing a new economic model for an independent Wales.

4

Codi'r Bont:
Senedd Sofran

OS MAI DIM ond fel cenedl annibynnol y gall Cymru gyflawni ei photensial economaidd llawn yna mae'n hanfodol ein bod yn ennill ein hannibyniaeth cyn gynted ag sy'n bosibl. Felly, nid rhyw uchelgais hirdymor yw annibyniaeth i Blaid Cymru. Bu cynnydd cyflym yn y gefnogaeth i annibyniaeth mewn blynyddoedd diweddar ac rydym yn hyderus y bydd digwyddiadau yn San Steffan a datblygiadau mewn rhannau eraill o'r ynysoedd hyn yn darbwyllo hyd yn oed mwy yn yr ychydig flynyddoedd nesaf.

Fodd bynnag, sylweddolwn nad yw'r mwyafrif angenrheidiol gennym yn y Senedd i alw refferendwm ar annibyniaeth, na'r mwyafrif sydd ei angen i'w ennill. Bydd yn cymryd amser a gwaith dyfal gan fudiad eang ei sail i adeiladu mwyafrif cenedlaethol dros annibyniaeth, gyda Phlaid Cymru fel y brif blaid dros annibyniaeth yng Nghymru, yn falch i chwarae rôl ganolog.

Ond tra byddwn yn adeiladu sylfaen ein cefnogaeth ar gyfer annibyniaeth yn y dyfodol, yr hyn y gall Cymru ei wneud yn y cyfamser yw cryfhau ein democratiaeth a diogelu ein pobl rhag difrod gwaethaf polisïau allan o gysylltiad San Steffan. Er bod Plaid Cymru wedi galw am hunanlywodraeth lawn neu annibyniaeth i Gymru am dros 90 mlynedd, rydym bob amser wedi cefnogi cerrig camu sy'n brin o'n prif nod ond sy'n ein cael yn nes at hynny. Fel y dywed y Basgiaid, *Adeiladwn y*

4

Building the Bridge: a Sovereign Senedd

IF WALES CAN only achieve its full economic potential as an independent nation, then it is imperative that we achieve our independence as soon as possible. Therefore, for Plaid Cymru independence is not some long-term ambition. Support for independence has grown rapidly in recent years, and we are confident that events at Westminster and developments elsewhere in these islands will persuade even more in the next few years.

However, we recognise that we do not currently have the majority necessary in the Senedd to call an independence referendum, nor the majority necessary to win it. Building a national majority for independence will take time and painstaking effort by a broad-based movement in which Plaid Cymru, as the main pro-independence party in Wales, is proud to play a central role.

But, while we build the basis of support for our future independence, what Wales can do in the interim is strengthen its democracy and protect its people from the worst ravages of Westminster's out-of-touch policies. Though Plaid Cymru has advocated full self-government or independence for Wales for more than ninety years, we have always supported stepping-stones which fall short of our ultimate aim but get us closer to it. As the Basques say, *We build the road as we travel*. Or as we in Wales say, *A fo ben, bid bont. Let s/he who*

ffordd wrth i ni deithio. Neu fel y dywedwn ni yng Nghymru, *A fo ben, bid bont.* Yn y 1950au buom yn gorymdeithio dros Senedd i Gymru, ymgyrchu dros bleidlais Ie yn refferendwm aflwyddiannus 1979, cynnig Senedd i Gymru yn y 1980au, ymgyrchu dros Ie eto yn y refferendwm a sefydlodd y Cynulliad Cenedlaethol yn 1997, ac wedyn bwyso'n galed i droi hynny yn Senedd gyda phwerau deddfu.

Felly, os nad yw Cymru yn barod ar unwaith i gymryd y cam ymlaen y byddai annibyniaeth yn ei gynrychioli – a dyna fyddai dewis Plaid Cymru – beth fedrai fod y cam nesaf ar ein taith gyfansoddiadol? Rydym wedi gosod allan ein cred nad yw datganoli pellach na ffederaliaeth yn cyflwyno datrysiadau cynaliadwy ar gyfer gofynion cyfansoddiadol Cymru. Nid ydynt yn datrys y diffyg democrataidd sy'n deillio o statws lleiafrifol Cymru mewn undeb mwy a gaiff ei ddominyddu gan werthoedd gwleidyddol gwahanol. Ni fedrant ychwaith ymwreiddio yn barhaus ein hawl i hunanlywodraeth ddemocrataidd. Fodd bynnag, y mae'n bosibl codi pont i annibyniaeth yn debyg i'r ffordd yr oedd Gwladwriaeth Rydd Iwerddon neu Statws Dominiwn i Ganada ac Awstralia yn gamau trosiannol yn nheithiau'r gwledydd hynny i ddod y cenhedloedd annibynnol y maent heddiw.

Cyflwynwn yma gynnig am Gymru Cysylltiadaeth Rydd sy'n gwarantu Senedd hollol sofran ond gan gadw ar hyn o bryd berthynas gyfansoddiadol ffurfiol rhwng Cymru a gweddill y Deyrnas Unedig.

Er y gall fod amrywiaeth sylweddol ym manylion statws o'r fath, mae'n un a gaiff ei gydnabod gan y Cenhedloedd Unedig fel bod yn ffurfio categori neu fodel cyfansoddiadol pendant – sef tiriogaethau mewn cysylltiadaeth rydd. Nid oes angen edrych ymhellach na Thiriogaethau Dibynnol y Goron yn Ynys Manaw, Jersey a Guernsey a thiriogaeth Ymreolus Ynysoedd Ffaro yn Nenmarc i ganfod enghreifftiau sefydlog ac effeithlon o drefniadau

would lead be a bridge. In the 1950s we marched for a Welsh Parliament, campaigned for Yes in the failed referendum of 1979, proposed a Welsh Senate in the 1980s, campaigned Yes again in the referendum that created the National Assembly in 1997, and then pressed hard to turn it into the law-making Parliament that we now call the Senedd.

So, if Wales is not ready immediately to make the leap forward that independence would represent – which would be Plaid Cymru's preference – what could be the next step on our constitutional journey? We have set out our belief that neither further devolution nor federalism offer sustainable solutions to Wales's constitutional predicament. They do not resolve the democratic deficit that arises from Wales's minority status in a larger union dominated by different political values. Nor can they permanently entrench our right to democratic self-government. However, it is possible to build a bridge to independence in much the same way as the Irish Free State or Dominion Status for Canada and Australia were transitional stages in those countries' journeys to becoming the independent nations they are today.

We present here a proposal for a Free Association Wales which guarantees a fully sovereign Senedd whilst retaining, for the time being, a formal constitutional relationship between Wales and the rest of the UK.

Though there is potentially considerable diversity in the details of such a status, it is one that is recognised by the United Nations as forming a definite category or constitutional model – that of territories in free association. One need look no further than the Crown Dependencies of the Isle of Man, Jersey and Guernsey, and the Danish Home Rule territory of the Faroe Islands to find stable and effective examples of such arrangements. These and others are described in the Appendix to this submission.

In making this proposal, in the context of this submission, for Free Association status as a potential interim step to

87

o'r fath. Caiff y rhain ac eraill eu disgrifio yn yr Atodiad i'r dystiolaeth hon.

Wrth wneud y cynnig hwn, yng nghyd-destun y dystiolaeth hon, dros statws Cysylltiadaeth Rydd fel cam interim posibl i annibyniaeth, nid yw Plaid Cymru mewn unrhyw ffordd yn cilio o'n nod cyfansoddiadol o gyflawni statws cenedlwladwriaeth hollol annibynnol i Gymru. Yn hytrach, mae'n adlewyrchu ein hymagwedd bragmatig hirsefydlog i gydio ym mhob cyfle i sicrhau mwy o hunanlywodraeth i Gymru ar bob cam ar daith ein cenedl.

Cysylltiadaeth Rydd[31]

Mae Cysylltiadaeth Rydd yn ymateb amgen i gyfyngiadau datganoli ar y naill law ac anawsterau ymarferol ffederaliaeth yng nghyd-destun y Deyrnas Unedig ar y llall. Byddai'n golygu trosglwyddo pwerau mwy sylfaenol i Gymru, gan gyfyngu pwerau Senedd San Steffan i Loegr. Byddai'n gadael Senedd Cymru yn rhydd i ddeddfu heb gyfyngiad yng nghyswllt Cymru heblaw, efallai, ar rai pynciau gweddilliol. Felly byddai Cymru drwy hynny wedi ei hinsiwleiddio'n fwy effeithlon rhag tueddiad i Loegr weithredu pwerau a gadwyd ar hyn o bryd mewn ffordd sy'n rhoi Cymru dan anfantais (gan y byddai'r pwerau hynny a gadwyd wedi eu cyfyngu yn sylweddol iawn).

Mantais symudiad o'r fath i Loegr yw y byddai'n cynrychioli symudiad fyddai'n tarfu llawer llai ar gyfansoddiad cyfredol y DU na naill ai gynnydd sylweddol mewn datganoli neu symud i drefniant ffederal. Byddai'r angen i o leiaf ymddangos i fod yn darparu ar gyfer buddiannau Cymru wrth wneud penderfyniadau ar yr hyn sydd yn awr yn faterion a gadwyd a swyddogaethau datganoledig llywodraeth yn diflannu neu fan leiaf oll yn cael eu gostwng yn sylweddol. Byddai gorgyffwrdd rhwng swyddogaethau llywodraeth a gadwyd a swyddogaethau a ddatganolwyd yn cael eu dileu. Ar y llaw arall, ni fyddai

independence, Plaid Cymru in no way resiles from our constitutional objective of achieving for Wales the status of a fully independent nation-state. Rather, it reflects our long-standing pragmatic approach to seizing every opportunity to achieve greater self-government for Wales at every stage in our nation's progress.

Free Association[31]
Free Association is an alternative response to the limitations of devolution on the one hand and the practical difficulties of federalism in the UK context on the other. It would entail a more fundamental transfer of powers to Wales, limiting those of the Westminster Parliament to England. It would leave Senedd Cymru free to legislate without restriction in relation to Wales except, possibly, on some vestigial subjects. Wales would thereby be more effectively insulated from a tendency for England to exercise currently reserved powers in a way that disadvantaged Wales (since those reserved powers would be very severely curtailed).

The advantage to England of such a move would be that it would represent a much less disruptive change to the current UK constitution than either a major enhancement of devolution or a move to a federal arrangement. The need to at least give the appearance of accommodating the interests of Wales when making decisions on what are now reserved matters would disappear, or at least be greatly reduced. Overlaps between reserved and devolved functions of government would be eliminated. On the other hand, formal UK sovereignty would not be further diminished.

There are a number of functioning examples of similar arrangements around the world. International law already recognises a category of constitutional arrangement which occupies the space between the integration of two territories into a single state (whether with or without partial self-government of the smaller one on a devolutionary basis)

89

sofraniaeth ffurfiol y Deyrnas Unedig yn cael ei lleihau ymhellach.

Mae nifer o enghreifftiau o drefniadau tebyg yn gweithio ym mhob rhan o'r byd. Mae cyfraith ryngwladol eisoes yn cydnabod categori o drefniant cyfansoddiadol sy'n llenwi'r bwlch rhwng integreiddio dwy ddiriogaeth yn un wladwriaeth (p'un ai gyda neu heb hunanlywodraeth rannol yr un leiaf ar sail datganoledig) a'u gwahaniad ffurfiol yn ddwy wladwriaeth sofran. Y term a ddefnyddir i ddynodi'r statws canolradd hwn yw 'Cysylltiadaeth Rydd' fel y'i disgrifir ym Mhenderfyniad 1541 a fabwysiadwyd gan Gynulliad Cyffredinol y Cenhedloedd Unedig ar 15 Rhagfyr 1960.

Canlyniadau ymarferol cydnabod categori o drefniant cyfansoddiadol o'r fath fu tynnu o restr y Cenhedloedd Unedig o 'Ddiriogaethau heb fod yn Hunanlywodraethol', gan gyfyngu hyn i ddiriogaethau o'r math 'trefedigaethol' clasurol, tra'i fod hefyd yn galluogi nifer o endidau ansofran i ddod yn aelodau o asiantaethau y Cenhedloedd Unedig tebyg i UNESCO, y Sefydliad Morwrol Rhyngwladol a Sefydliad Iechyd y Byd.

Mae Egwyddor VII Penderfyniad 1541 yn nodi nodweddion Cysylltiadaeth Rydd fel sy'n dilyn:

(a) *Free Association should be the result of a free and voluntary choice by the peoples of the territory concerned expressed through informed and democratic processes. It should be one which respects the individuality and the cultural characteristics of the territory and its peoples, and retains for the peoples of the territory which is associated with an independent state the freedom to modify the status of that territory through the expression of their will by democratic means and through constitutional processes.*

(b) *The associated territory should have the right to determine its internal constitution without outside interference, in accordance with due constitutional*

and their formal separation into two sovereign states. The term used to denote this intermediate status is that of 'Free Association', as described in Resolution 1541 adopted by the General Assembly of the United Nations on 15 December 1960.

The practical consequence of the recognition of such a category of constitutional arrangement has been removal from the UN's list of 'Non-Self-Governing Territories', limiting these to territories of classic 'colonial' type, whilst also enabling a number of non-sovereign entities to become members of UN agencies such as UNESCO, the International Maritime Organisation and the World Health Organisation.

Principle VII of Resolution 1541 sets out the characteristics of Free Association as follows:

(a) *Free Association should be the result of a free and voluntary choice by the peoples of the territory concerned expressed through informed and democratic processes. It should be one which respects the individuality and the cultural characteristics of the territory and its peoples, and retains for the peoples of the territory which is associated with an independent state the freedom to modify the status of that territory through the expression of their will by democratic means and through constitutional processes.*

(b) *The associated territory should have the right to determine its internal constitution without outside interference, in accordance with due constitutional processes and the freely expressed wishes of the people. This does not preclude consultations as appropriate or necessary under the terms of the free association agreed upon.*

The reference in the Resolution to 'the freedom to modify the status of that territory through the expression of their will by democratic means and through constitutional processes' is of crucial importance. Although freely associated states are

processes and the freely expressed wishes of the people. This does not preclude consultations as appropriate or necessary under the terms of the free association agreed upon.

Mae'r cyfeiriad yn y penderfyniad at y rhyddid i addasu statws tiriogaeth drwy fynegi ei hewyllys drwy ddulliau democrataidd a thrwy brosesau cyfansoddiadol yn hollbwysig. Er nad yw gwladwriaethau cysylltiadaeth rydd yn sofran, er mwyn iddynt gael eu cydnabod fel bod mewn cysylltiadaeth rydd mae'n rhaid iddynt gael yr hawl i ddewis annibyniaeth os mynegant y dymuniad i wneud hynny drwy ddulliau democrataidd tebyg i refferendwm. Pa bynnag mor helaeth yw'r pwerau a ddatganolwyd i diriogaeth, ni fedrir ei chydnabod fel gwladwriaeth cysylltiadaeth rydd os nad oes ganddi'r hawl i ymestyn y pwerau hynny neu hyd yn oed i dorri cysylltiad yn llwyr gyda'r diriogaeth arall.

Cafodd cysyniad cysylltiadaeth rydd ei ddatblygu yng nghyd-destun y symud tuag at ddad-drefedigaethu. Y tiriogaethau yr oedd angen i'r Cenhedloedd Unedig ddefnyddio'r cysyniad ar eu cyfer oedd cyn-drefedigaethau wedi'u lleoli'n bennaf yn y Môr Tawel, Affrica a'r Caribî. Fodd bynnag, gall y cysyniad o statws nad yw naill ai'n wladwriaeth annibynnol sofran nac yn un sydd wedi ei hintegreiddio i wladwriaeth fwy hefyd gael ei ddefnyddio ar gyfer nifer o drefniadau sydd â gwahanol wreiddiau hanesyddol. Mae rhai ohonynt, yn cynnwys Ynys Manaw, Ynysoedd y Sianel ac Ynysoedd Ffaro, yn neilltuol o berthnasol i Gymru (gweler yr Atodiad).

Mae'n anochel y byddai statws cysylltiadaeth rydd i Gymru yn ysgogi problemau ymarferol y byddai'n rhaid eu datrys. Hyd yma, dim ond i diriogaethau ynysoedd ymhell o'r wladwriaeth fwy y gweithredwyd y statws. Ond ni ddylid anghofio fod cwestiynau heb fod yn annhebyg yn codi yng nghyswllt nifer o wladwriaethau *sofran* bach iawn (e.e. Monaco a San Marino) sy'n cydffinio gyda chymdogion

not sovereign, they must, in order to be recognised as being in free association, have the right to opt for independence if they express the desire to do so by democratic means, such as a referendum. However extensive may be the devolved powers of a territory, it cannot be recognised as a freely associated state unless it has the right to enlarge those powers or even to sever the link with the other territory altogether.

The development of the concept of free association took place in the context of the movement towards decolonisation. The territories to which the UN has needed to apply the concept have been former colonies situated predominantly in the Pacific, Africa and the Caribbean. However, the concept of a status which is neither that of a sovereign independent state nor that of one integrated into a larger state can also be applied to a number of arrangements which have different historical roots. Some of these, including the Isle of Man, the Channel Islands and the Faroes, are of particular application to Wales (see Appendix).

Application of the status of associated state to Wales would inevitably generate practical issues that would have to be resolved. So far, the status has only been applied to island territories remote from the larger state. But it should not be forgotten that not dissimilar questions arise in relation to a number of very small *sovereign* states (e.g. Monaco and San Marino) which are contiguous with much larger neighbours but share various services with them. There is no reason to believe that, given the will to move Wales to a status of free association, practical solutions could not be found.

Given the close integration of the Welsh and English economies, in particular a shared currency and a single market for trade and labour, it would be essential for the continuation of robust arrangements between England and a Welsh Associated Free State relating to shared services. For example, a shared, common labour market between the

llawer mwy ond sy'n rhannu gwahanol wasanaethau gyda nhw. Nid oes unrhyw reswm dros gredu, pe byddai dymuniad i Gymru symud i statws cysylltiadaeth rydd, na fedrid dod o hyd i ddatrysiadau ymarferol.

Oherwydd yr integreiddiad agos rhwng economïau Cymru a Lloegr, yn arbennig rhannu arian cyfred a marchnad sengl ar gyfer masnach a llafur, byddai'n hanfodol i drefniadau cadarn rhwng Lloegr a Gwladwriaeth Cysylltiadaeth Rydd Cymru barhau yng nghyswllt rhannu gwasanaethau. Er enghraifft, byddai rhannu marchnad lafur gyffredin rhwng y ddwy wlad yn galw am barhau cymuned pensiynau a nawdd cymdeithasol yn cysylltu Lloegr a Chymru. Fodd bynnag, byddai'n debycach i'r cysyniad o gysylltiadaeth rydd i drefniadau o'r fath gael eu llywodraethu gan gysylltiadau rhyng-lywodraeth (a fyddai wrth gwrs yn destun craffu seneddol yn y ddwy diriogaeth) nag i gymylu'r dyfroedd drwy gynnal aelodaeth mewn enw i Gymru yn Nhŷ'r Cyffredin.

Cyfansoddiad ar gyfer Cymru Cysylltiadaeth Rydd[32]
Byddai angen i Gymru Cysylltiadaeth Rydd sefydlu eglurdeb ar ei threfniadau cyfansoddiadol. Dylai hyn gynnwys ymgynghoriad eang o fewn Senedd Cymru a gyda chymdeithas ddinesig ehangach drwy gynnull cynulliadau dinasyddion.

Yn y rhan fwyaf o wledydd democrataidd modern, y Cyfansoddiad yw cyfraith sylfaenol y wladwriaeth. Mae'n sylfaenol oherwydd bod dilysrwydd pob cyfraith arall yn deillio ohono ac mae holl awdurdod y wladwriaeth – deddfwriaethol, gweithrediadol, barnwrol, cenedlaethol – rhanbarthol, lleol – wedi ei wreiddio ynddo. Mae'n gyfraith lle bydd mecaneddau cyfreithiol i sicrhau y caiff ei gynnal a lle bo angen ei orfodi'n farnwrol. Mae hefyd yn fynegiant mewn termau cyfreithiol o hunaniaeth wleidyddol y Wladwriaeth, a chaiff ef a'i ddarpariaethau felly eu llunio gan yr hunaniaeth wleidyddol honno. Mae gwladwriaethau

two countries would require a continued pensions and social security community linking England and Wales. However, it would be more in line with the concept of free association for such arrangements to be governed by inter-governmental relations (subject, of course, to parliamentary scrutiny in both territories) than to muddy the waters by maintaining a nominal Welsh membership of the House of Commons.

A Constitution for a Free Association Wales[32]

A Free Association Wales would need to establish clarity on its constitutional arrangements. This should entail widespread consultation within the Senedd and within wider civic society by convening citizens' assemblies.

In most modern democracies the Constitution is the fundamental law of the state. It is fundamental in that all other laws derive their validity from it and all state authority – legislative, executive, judicial, national, regional, local – is rooted in it. It is law in that there will be legal mechanisms to ensure that it is upheld and where necessary judicially enforced. It is also an expression in legal terms of the state's political identity, and it and its provisions are therefore shaped by that political identity. States with such constitutions are founded upon and are governed by the rule of law.

The United Kingdom does not have, and has never had, a Constitution of that sort. Its political identity has developed based on allegiance to the Crown and the Crown's reciprocal obligations to its subjects, primarily in terms of protection and justice. The means of achieving those obligations have become regulated by some constitutional laws and guided by constitutional conventions, the former enforceable at law, the latter not. Legal sovereignty currently rests with the King in Parliament, and executive power is grounded in the convention that the Crown acts on the advice and through the actions of its ministers. There are no legal restrictions

95

gyda chyfansoddiadau o'r fath wedi eu seilio ar ac yn cael eu llywodraethu gan reolaeth y gyfraith.

Ni fu gan y Deyrnas Unedig erioed gyfansoddiad o'r math hwnnw. Cafodd ei hunaniaeth wleidyddol ei datblygu yn seiliedig ar deyrngarwch i'r Goron a rhwymedigaethau cilyddol y Goron i'w deiliaid, yn bennaf yn nhermau diogeliad a chyfiawnder. Caiff y dull o gyflawni sut y cafodd y rhwymedigaethau hynny eu rheoleiddio gan rai cyfreithiau cyfansoddiadol a'u llywio gan gonfensiynau cyfansoddiadol, y cyntaf yn orfodadwy drwy'r gyfraith, yr ail ddim. Ar hyn o bryd mae sofraniaeth gyfreithiol yn aros gyda'r Brenin yn y Senedd, a chaiff pŵer gweithrediaeth ei seilio yn y confensiwn fod y Goron yn gweithredu ar gyngor a thrwy weithredoedd ei gweinidogion. Nid oes unrhyw gyfyngiadau cyfreithiol ar rym deddfwriaethol y Brenin yn y Senedd, ac ni all y llysoedd wrthod nac anwybyddu statudau Seneddol. Nid yw sofraniaeth yn aros gyda'r bobl. Caiff rheolaeth y gyfraith yn y DU ei chynnal gan gyfuniad o ddarpariaeth gyfreithiol ac ymarfer gwleidyddol. Nid oes gwarant cyfansoddiadol iddo. Dyna pam fod y Deyrnas Unedig yn frenhiniaeth wedi ei chyfyngu gan y cyfansoddiad ac nid yn frenhiniaeth gyfansoddiadol lle mae swyddogaethau'r brenin neu frenhines yn deillio o'r cyfansoddiad, yn hytrach na chael eu cyfyngu ganddo.

Ar y llaw arall, mae'r gweinyddiaethau datganoledig o fewn y Deyrnas Unedig eisoes yn gweithredu mewn modd sy'n debyg i wladwriaethau gyda chyfansoddiadau ysgrifenedig, gan mai eu statudau datganoli yw eu cyfreithiau sylfaenol. I'r graddau hynny, maent yn dod i arfer cael eu llywodraethu yn y dull hwnnw. Mae cyfyngiadau ar rym deddfwriaethol eu seneddau. Caiff pwerau eu gweithrediaethau eu llywodraethu gan y gyfraith a gall dinasyddion geisio cynnal a gweithredu'r trefniadau hynny drwy'r llysoedd. Caiff y cenhedloedd datganoledig eu llywodraethu gan reolaeth y gyfraith.

upon the legislative power of the King in Parliament, and the courts cannot overrule or override Parliamentary statutes. Sovereignty does not rest with the people. The rule of law in the UK is upheld by a combination of legal provision and political practice. It is not constitutionally guaranteed. It is why the United Kingdom is a constitutionally-limited monarchy, as opposed to a constitutional monarchy where the monarch's functions are derived from, rather than constrained by, the constitution.

On the other hand, the devolved administrations within the United Kingdom already operate in a manner which is similar to that of states with written constitutions, in that their devolution statutes are their fundamental laws. To that extent, they are becoming accustomed to being governed in that fashion. The legislative power of their parliaments is subject to restrictions. The powers of their executives are governed by law, and citizens can seek to uphold and enforce those arrangements through the courts. The devolved nations are governed by the rule of law.

However, sovereignty within the devolved nations does not reside with the people. Rather, it continues to rest with the UK Parliament. Even when the people of Wales had decided by referendum in 2011 to adopt the devolution settlement in Part Four and Schedule 7 of the Government of Wales Act 2006 – a unique example of a popular referendum triggering the change – the UK Parliament felt no compunction in removing some of those powers through the exercise of its overarching sovereignty without reference to the Welsh people.

A Constitution for a Free Association Wales, approved by the Senedd, should declare that sovereignty rests with the people. All state powers would be governed by the Constitution. The Constitution would provide for the existence of those powers – legislative, executive and judicial – and their relation to one another.

97

Fodd bynnag, nid yw sofraniaeth o fewn y cenhedloedd datganoledig yn aros gyda'r bobl. Yn hytrach mae'n parhau i fod gyda Senedd y DU. Hyd yn oed pan benderfynodd pobl Cymru drwy refferendwm yn 2011 i fabwysiadu'r setliad datganoli yn Rhan Pedwar ac Atodlen 7 Deddf Llywodraeth Cymru 2006 – enghraifft unigryw o refferendwm poblogaidd yn sbarduno'r newid – ni theimlai Senedd y DU yn edifar am dynnu rhai o'r pwerau hynny drwy weithredu ei sofraniaeth drosfwaol heb gyfeirio at bobl Cymru.

Dylai Cyfansoddiad ar gyfer Cymru Cysylltiadaeth Rydd, a gymeradwywyd gan y Senedd, ddatgan fod sofraniaeth yn aros gyda'r bobl. Byddai holl bwerau'r wladwriaeth yn cael eu rheoli gan y Cyfansoddiad. Byddai'r Cyfansoddiad yn darparu ar gyfer bodolaeth y pwerau hynny – deddfwriaethol, gweithrediaethol a barnwrol – a'u perthynas gyda'i gilydd.

Drwy fod Cyfansoddiad yn fynegiant mewn termau cyfreithiol o hunaniaeth wleidyddol gwladwriaeth, mae'n rhaid i'r hunaniaeth honno fod wedi cael ei phenderfynu cyn y gellir setlo ar ffurf a chynnwys y Cyfansoddiad. Fodd bynnag, y mae elfen o'r 'cyw a'r wy' i hyn. Os dymunir cael math neillltuol o wladwriaeth, bydd hynny'n penderfynu'r math o Gyfansoddiad fydd ganddi. Ar y llaw arall, os rhoddir pwysigrwydd ar y math o Gyfansoddiad sydd ei eisiau, gall hynny yn rhwydd benderfynu y math o wladwriaeth sy'n rhaid ei chreu, neu o leiaf gyfyngu'r dewisiadau sydd ar gael. Mae felly angen trafod y ddau fater mewn cysylltiad â'i gilydd.

Egwyddorion Sylfaenol

Mae'r rhan fwyaf o gyfansoddiadau modern yn dechrau gyda datganiad o'r egwyddorion sylfaenol y mae'r wladwriaeth yn seiliedig arnynt. Yn gyffredinol, caiff democratiaeth ei rhestru; weithiau caiff rhyddid, cyfiawnder, cydraddoldeb (a mathau o gydraddoldeb) eu hychwanegu. Bydd datganiad mai'r bobl biau sofraniaeth, a chaiff gwirionedd (neu anwiredd) hynny ei

In that a Constitution is an expression in legal terms of a state's political identity, that identity needs to have been determined before the form and content of the Constitution can be settled. There is, however, a 'chicken and egg' element to this. If it is desired to have a particular form of state, that will determine the kind of Constitution it will have. On the other hand, if importance is attached to the kind of Constitution one requires, that may well determine the type of state that has to be created, or at least limit the choices available. The two issues need therefore to be discussed in tandem.

Fundamental Principles

Most modern constitutions begin with a statement of the fundamental principles upon which the state is based. Generally, democracy is listed; sometimes liberty, justice, equality (and kinds of equality) are added. There will be a statement that sovereignty belongs to the people, the truth (or otherwise) of which will be reflected in the process by which the Constitution is adopted. There may be a statement of the purposes for which the state exists. Generally, certain rights of the individual and of groups will be listed. Some have the state 'recognize' the existence of these rights, indicating that they pre-date the existence of the state and are not dependent upon the state for their existence as opposed to their enforcement. Rather, it is the enforceable duty of the state to uphold and protect those rights.

The fundamental principles often include factors which provide the state with its identity – its capital; its flag, national anthem, motto, governing principle; its language or languages (sometimes with provision for minority languages); its religion or freedom of religion and belief; a commitment to local autonomy or subsidiarity; a repudiation of war; a commitment to international law and treaty obligations; protection of heritage.

adlewyrchu yn y broses ar gyfer mabwysiadu'r Cyfansoddiad. Gall fod datganiad o'r dibenion y mae'r wladwriaeth yn bodoli ar eu cyfer. Yn gyffredinol, caiff hawliau neilltuol yr unigolyn a grwpiau eu rhestru. Mae rhai'n cael y wladwriaeth yn 'cydnabod' bodolaeth yr hawliau hyn, gan nodi eu bod yn bodoli cyn i'r wladwriaeth gael eu ffurfio ac nad ydynt yn dibynnu ar y wladwriaeth am eu bodolaeth er mai hi sydd i sicrhau eu gorfodaeth. Mae'n ddyletswydd orfodadwy gan y wladwriaeth i gynnal a gwarchod yr hawliau hynny.

Mae'r egwyddorion sylfaenol yn aml yn cynnwys ffactorau sy'n rhoi ei hunaniaeth i'r wladwriaeth – ei phrifddinas, ei baner, anthem genedlaethol, arwyddair, egwyddor lywodraethol, iaith neu ieithoedd (weithiau gyda darpariaeth ar gyfer ieithoedd lleiafrifol), ei chrefydd neu ryddid crefydd a chredo, ymrwymiad i ymlywodraeth leol neu is-leoli, ymwrthod â rhyfel, ymrwymiad i gyfraith ryngwladol a goblygiadau cytuniad, gwarchod treftadaeth.

Ar ôl gosod yr egwyddorion sylfaenol y cafodd y wladwriaeth ei ffurfio ar eu cyfer, mae llawer wedyn yn gosod hawliau a dyletswyddau dinasyddion. Caiff y rhain yn aml eu rhannu yn gategorïau, er enghraifft:

Hawliau sifil
- Rhyddid
- Natur annhoradwy y cartref
- Preifatrwydd cyfathrebu
- Rhyddid symud
- Rhyddid ymgynnull a chymdeithasiad
- Rhyddid llefaru
- Rhyddid crefydd
- Rhyddid rhag gwahaniaethu
- Rhyddid rhag colli dinasyddiaeth
- Rhyddid rhag atafaelu eiddo
- Mynediad i gyfiawnder
- Y drefn briodol

Having set out the fundamental principles for which the state is formed, many then move to set out the rights and duties of citizens. These are often divided into categories, for instance:

Civil rights
- Liberty
- Inviolability of the home
- Privacy of communications
- Freedom of Movement
- Freedom of Assembly and Association
- Freedom of Speech
- Freedom of Religion
- Freedom from Discrimination
- Immunity from loss of citizenship
- Immunity from confiscation of property
- Access to justice
- Due process
- Limitation on extradition
- Limitations on criminal responsibility and punishment
- State liability and liability of public servants

Social rights
- Family life
- Rights and duties of parents
- Protection of the family from hardship
- Health
- Arts and sciences
- Education

Economic rights
- Work
- Fair remuneration
- Equality of women

- Cyfyngiad ar estraddodi
- Cyfyngiadau ar gyfrifoldeb troseddol a chosb
- Atebolrwydd y wladwriaeth ac atebolrwydd gweision cyhoeddus

Hawliau cymdeithasol
- Bywyd teuluol
- Hawliau a dyletswyddau rhieni
- Gwarchod y teulu rhag caledi
- Iechyd
- Celfyddydau a'r gwyddorau
- Addysg

Hawliau economaidd
- Gwaith
- Tâl teg
- Cydraddoldeb menywod
- Cydraddoldeb hil
- Hawliau LGBTQ+
- Hawliau anabledd
- Diogelu plant rhag ecsploetiad
- Lles cymdeithasol
- Undebau llafur
- Menter
- Eiddo
- Diogelu rhag monopolïau a chartelau
- Cymdeithasau ac urddau masnach
- Hawliau gweithwyr yn y gweithle
- Hawl i fynd ar streic

Hawliau gwleidyddol
- Hawl (weithiau ddyletswydd) i bleidleisio
- Hawl i ffurfio pleidiau gwleidyddiol
- Hawl i ddeisebu
- Hawl i sefyll am swydd

- Race Equality
- LGBTQ+ Rights
- Disability Rights
- Protection of children from exploitation
- Social welfare
- Trade unions
- Enterprise
- Property
- Protection from monopolies and cartels
- Trade associations and guilds
- Workers' rights in the workplace
- Right to strike

Political rights
- Right (sometimes duty) to vote
- Right to form political parties
- Right to petition
- Right to stand for office
- Right to have time off to fulfil functions of elected office
- Duty to defend the nation
- Duty to pay taxes
- Right to a fair taxation system
- Duty to uphold the Constitution and obey the laws
- Duty of the holders of public office

Some constitutions will begin with these rights, while others may postpone them until after the powers of the state have been set out. In recent times, rights and duties regarding the environment have been added to these lists, and duties regarding sustainability and safeguarding the interests of future generations. These factors may also be the subject of limitations upon pre-existing social and economic rights. Many provisions allow for exceptions to the rights – for example, restrictions upon freedoms in times of national emergency.

- Hawl i gael amser i ffwrdd i gyflawni swyddogaethau swydd etholedig
- Dyletswydd i amddiffyn y genedl
- Dyletswydd i dalu trethi
- Hawl i system drethiant deg
- Dyletwydd i gynnal y Cyfansoddiad ac ufuddhau i'r cyfreithiau
- Dyletswydd deiliaid swyddi cyhoeddus

Bydd rhai cyfansoddiadau yn dechrau gyda'r hawliau hyn, tra gall eraill gael eu gohirio nes y caiff pwerau'r wladwriaeth eu gosod allan. Mewn cyfnodau diweddar, cafodd hawliau a dyletswyddau yn ymwneud â'r amgylchedd eu hychwanegu at y rhestri hyn ynghyd â dyletswyddau yn ymwneud â chynaliadwyedd a diogelu buddiannau cenedlaethau'r dyfodol. Gall y ffactorau hyn hefyd gyfyngu hawliau cymdeithasol ac economaidd sy'n bodoli eisoes. Mae llawer o ddarpariaethau yn caniatáu eithriadau i'r hawliau – er enghraifft, gyfyngiadau ar ryddid ar amser o argyfwng cenedlaethol.

Gall rhai hawliau gael eu mwynhau a'u gorfodi ar unwaith, tra bod eraill yn ddyheadau ac yn rhaglennol o ran eu cyflawni. Mae Plaid Cymru yn rhagweld Cyfansoddiad i Gymru fydd yn cynnwys hawliau sylfaenol ac yn coleddu hawliau dyheadol, tebyg i gynaliadwyedd a diogelu buddiannau cenedlaethau'r dyfodol, cydraddoldeb i fenywod a hawliau'r boblogaeth hoyw a phobl ddu a lleiafrif ethnig.

Swyddogaethau'r Wladwriaeth
Bydd y Cyfansoddiad yn diffinio pwerau a dyletswyddau y wladwriaeth – deddfwriaethol, gweithrediaethol a barnwrol. Mae'r drefn y caiff y rhain eu hystyried yn aml yn adlewyrchu agweddau sylfaenol am bwysigrwydd priodol y swyddogaethau hyn, yn arbennig y ddeddwrfa a'r weithrediadaeth.

Some rights are capable of immediate enjoyment and enforcement, while others are aspirational and programmatic in terms of achievement. Plaid Cymru envisages a Welsh Constitution which will include fundamental rights and embrace aspirational rights, such as sustainability and the protection of the interests of future generations, equality for women, and the rights of the gay population and black and ethnic minorities.

State Functions

The Constitution will delineate the powers and duties of the state – legislative, executive and judicial. The order in which these are considered often reflects underlying attitudes regarding the respective importance of these functions, particularly the legislative and the executive.

The Senedd

This section will establish the name and provide for:

- Its composition – a one-chamber Senedd, but with an advisory nominated National Council to act, in effect, as a revising chamber, and having the right to bring forward legislative proposals for consideration by the Senedd. This smaller, consultative, chamber should be nominated by social, economic, professional and local groups. All legislation should be referred to it before being finally enacted and it should have the power to require the Senedd to give further consideration to the proposed legislation in the light of the Council's views. It should also be able to put forward for consideration by the Senedd definite proposals for legislation, either on its own initiative or in response to citizen initiatives.
- The number of members, their minimum age, quotas to provide for gender balance, and other qualifications

Y Senedd

Bydd yr adran hon yn sefydlu'r enw ac yn darparu ar gyfer:

- Ei chyfansoddiad – Senedd un siambr ond gyda Chyngor Cenedlaethol ymgynghorol wedi'i enwebu i weithredu, yn ymarferol, fel siambr ddiwygio, ac sydd â'r hawl i gyflwyno cynigion deddfwriaethol i'w hystyried gan y Senedd. Dylai'r siambr ymgynghorol lai hon gael ei henwebu gan grwpiau cymdeithasol, economaidd, proffesiynol a lleol. Dylai pob deddfwriaeth gael ei chyfeirio ati cyn iddi ddod i rym a dylai fod â'r grym i'w gwneud yn ofynnol i'r Senedd roi ystyriaeth bellach i'r ddeddfwriaeth arfaethedig yng ngoleuni barn y Cyngor. Dylai hefyd fedru cyflwyno cynigion pendant i'r Senedd ar gyfer deddfwriaeth naill ai ar ei gymhelliant ei hun neu mewn ymateb i gynlluniau gan ddinasyddion.
- Nifer yr aelodau, eu hisafswm oed, cwotâu i ddarparu ar gyfer cydbwysedd rhwng y rhywiau a chymwysterau eraill ar gyfer aelodaeth, y dull ethol (rhyddfraint i bawb dros 16) a'r egwyddorion ar gyfer dosbarthiad seddi.
- Yn achos y Cyngor Cenedlaethol ymgynghorol, yn ogystal ag oedran a chymwysterau eraill ar gyfer aelodaeth, p'un a ddylai fod unrhyw aelodau *ex officio;* sut y caiff yr aelodau eu henwebu a'u cyfnod yn eu swyddi; unrhyw bwerau cyfethol (pwy, gan bwy, ar ba delerau). Mae awgrymiadau am gyfansoddiad y Cyngor yn cynnwys cynrychiolwyr o bleidiau gwleidyddol, undebau llafur, sefydliadau cyflogwyr, cynrychiolaeth eang o gymdeithas ddinesig a sifil, enwebiadau gan grwpiau cymdeithasol, economaidd, diwylliannol a phroffesiynol tebyg i TUC Cymru, CBI Cymru, FSB a'r prifysgolion, a gyda chwotâu ar gyfer rhywedd ac amrywiaeth.

for membership, the method of election (universal franchise for over 16s) and the principles for the distribution of seats.

- In the case of the advisory National Council, in addition to age and other qualifications for membership, whether there should be any ex officio members; how the members are to be nominated and length of office; any powers of co-option (who; by whom; on what terms). Suggestions as to the Council's composition, including representatives from political parties, trades unions, employer organizations, broad representation from civic and civil society, nominations from social, economic, cultural and professional groups such as the Wales TUC, Wales CBI, FSB and the universities, and with gender and diversity quotas.
- Term; date and frequency of elections; when to reassemble after general election; appointment of Llywydd.
- Procedures – standing orders; public access; quorum.
- Rights and duties of Government Ministers – regarding attendance, openness and accountability.
- Discipline of members; absolute privilege from legal accountability regarding proceedings; rights to remuneration and expenses.

The fundamental principles of the Senedd's legislative processes would also be provided for, including:

- Who has the legislative initiative regarding bringing forward proposals for legislation in the form of Bills – the Government; members; National Council; a Welsh Law Commission; citizens by petition to the National Council, individual citizens having the right to petition the National Council in favour of a specific legislative (including constitutional) change. The

- Cyfnod; dyddiad ac amlder etholiadau; pryd i ailgynnull ar ôl etholiad cyffredinol, penodi Llywydd.
- Gweithdrefnau – rheolau sefydlog, mynediad cyhoeddus, cworwm.
- Hawliau a dyletswyddau Gweinidogion y Llywodraeth – yn ymwneud â phresenoldeb, agoredrwydd ac atebolrwydd.
- Disgyblaeth aelodau, braint absoliwt o atebolrwydd cyfreithiol yn ymwneud â thrafodion, hawliau i gydnabyddiaeth ariannol a threuliau.

Darperid hefyd ar gyfer egwyddorion sylfaenol prosesau deddfwriaethol y Senedd, yn cynnwys:

- Pwy sy'n penderfynu ysgogi deddfwriaeth yng nghyswllt cyflwyno cynigion ar gyfer deddfwriaeth ar wedd biliau – y Llywodraeth, aelodau, y Cyngor Cenedlaethol, Comisiwn Cyfraith Cymru, dinasyddion drwy ddeiseb i'r Cyngor Cenedlaethol, dinasyddion unigol â'r hawl i gyflwyno deiseb i'r Cyngor Cenedlaethol o blaid newid deddfwriaethol penodol (yn cynnwys newid cyfansoddiadol). Dylai'r Cyngor Cenedlaethol fod â'r grym, p'un ai ar sail deiseb o'r fath neu ei benderfyniad ei hun, i baratoi achos manwl, yn cynnwys cynigion penodol ar gyfer diwygiadau deddfwriaethol ac i'w gwneud yn ofynnol i Lywodraeth Cymru roi ystyriaeth ffurfiol i'r cynigion hynny ac i ymateb iddynt yn fanwl, gan nodi sut y bwriadant eu gweithredu neu gyfiawnhau eu penderfyniad i beidio â'u gweithredu.
- Amlinelliad o'r prosesau trafod a gwneud penderfyniadau (megis yn Neddf Llywodraeth Cymru 2006) gan adael y manylion i Reolau Sefydlog.
- Deddfwriaeth argyfwng.
- Cyhoeddi a dechrau.
- Defnyddio refferenda, os cynhelir rhai.

National Council should have the power, whether on the basis of such a petition or on its own initiative, to prepare a detailed case, including specific proposals for legislative reforms and to require the Welsh Government to give formal consideration to those proposals and to respond to them in detail, setting out how they intend to give effect to them or justifying their decision not to implement them.

- The deliberative and decision-making processes in outline (as in the Government of Wales Act 2006) leaving the detail to Standing Orders.
- Emergency legislation.
- Promulgation and commencement.
- Use, if any, of referenda.
- Provisions regarding the legality of delegating the legislative function, including restrictions on its use, use in emergencies; use in time of war.
- The Senedd's involvement, if any, in the granting of amnesties and pardons; together with restrictions on their use.
- Processes for treaty ratification and their effect.
- The Budget.

The Executive
The Constitution would provide for the appointment of the Head of Government, and for the nomination and appointment of the other Ministers. It could provide for minimum requirements with regard to the representation of majority and minority communities in the population. If the First Minister is not appointed following nomination by a majority of the Senedd, a requirement to win a vote of confidence within a short period, e.g. two weeks, may be required, as part of a provision relating to the government's position being dependent on having the confidence of the Senedd, and the consequences of losing a vote of confidence.

- Darpariaethau am gyfreithlondeb dirprwyo'r swyddogaeth ddeddfwriaethol, yn cynnwys cyfyngiadau ar ei defnydd, ei defnydd mewn argyfyngau, ei defnydd ar adeg o ryfel.
- Ymgyfraniad y Senedd, os oes, wrth roi amnesti a maddeuant, ynghyd â chyfyngiadau ar eu defnydd.
- Prosesau ar gyfer cadarnhau cytuniadau a'u heffaith.
- Y gyllideb.

Y Weithrediaeth

Byddai'r Cyfansoddiad yn cynnwys darpariaeth ar gyfer penodi Pennaeth y Llywodraeth, ac ar gyfer enwebu a phenodi Gweinidogion eraill. Gallai ddarparu ar gyfer isafswm gofynion yng nghyswllt cynrychiolaeth cymunedau mwyafrifol a lleiafrifol. Os na phenodir y Prif Weinidog yn dilyn enwebiad gan fwyafrif o'r Senedd, gallai fod angen gofyniad i ennill pleidlais hyder o fewn cyfnod byr e.e. pythefnos, fel rhan o ddarpariaeth yn ymwneud â sefyllfa'r llywodraeth yn bod yn ddibynnol ar fod â hyder y Senedd, a chanlyniadau colli pleidlais o hyder. Gwneir darpariaeth hefyd ar gyfer bodolaeth gweinyddiaeth gyhoeddus neu wasanaeth sifil i wasanaethu'r llywodraeth.

Yn yr un modd â llawer o gyfansoddiadau modern, dylai hefyd ddarparu ar gyfer cangen cywirdeb llywodraeth, yn cynnwys comisiynwyr, ombwdsmyn, archwilwyr a thribiwnlysoedd gweinyddol, a fyddai â'r rôl o graffu a gwella swyddogaeth y Weithrediaeth a chyrff cyhoeddus eraill, mewn modd tebyg i'r ffordd y mae sefydliadau penodol mewn systemau cyfraith sifil yn gweithredu, er enghraifft, *Conseil d'État* yn Ffrainc. Dylai penodiadau i'r swyddi hyn gael eu gwneud gan Lywodraeth Cymru gyda chytundeb y Senedd.

Y Farnwriaeth/Ynadaeth

Byddai'r adran hon yn sefydlu annibyniaeth y farnwriaeth

Provision will also be made for the existence of a public administration or civil service to serve the government.

In the manner of many modern constitutions, it should also provide for an integrity branch of government, including commissioners, ombudsmen, auditors and administrative tribunals, whose role would be to scrutinise and improve the functioning of the Executive and other public bodies, in a similar way to that in which dedicated institutions in civil law systems operate, for example the French *Conseil d'État*. Appointments to these offices should be made by the Welsh Government with the agreement of the Senedd.

The Judiciary/Magistracy

This section would establish the independence of the judiciary and provide that its functions are regulated solely by the law. It would provide for the various jurisdictions within the state (e.g. criminal; civil) and the manner in which the competence to exercise jurisdiction could be divided (e.g. by subject-matter, locality and function – first instance, appeal and final review of questions of law).

It would also provide for an independent body (e.g. a Judicial Council) to oversee judicial appointments, discipline and other such matters. It would require provision to be made for the qualifications to be a judge, magistrate or public prosecutor, and the composition of the Judicial Council.

Constitutional guarantees regarding, in particular, criminal justice should be included, such as a ban on retrospective offences, and provision would be made to ensure that points of law can be determined in the highest court. The right to challenge government and public service decisions would be stated.

Provision should be made for financial and other help to access justice.

a darpariaeth y caiff ei swyddogaethau eu rheoleiddio'n llwyr gan y gyfraith. Byddai'n darparu ar gyfer y gwahanol awdurdodaethau o fewn y wladwriaeth (e.e. troseddol, sifil) a'r ffordd y gellid rhannu'r cymhwysedd i weithredu awdurdodaeth (e.e. yn ôl deunydd pwnc, ardal a swyddogaeth – achos cyntaf, apêl ac adolygu cwestiynau cyfraith).

Byddai hefyd yn darparu ar gyfer corff annibynnol (e.e. Cyngor Barnwrol) i oruchwylio apwyntiadau barnwrol, disgyblaeth a materion eraill o'r fath. Byddai angen i ddarpariaeth gael ei gwneud ar gyfer y cymwysterau i fod yn farnwr, ynad neu erlynydd cyhoeddus a chyfansoddiad y Cyngor Barnwrol.

Dylid cynnwys gwarantau cyfansoddiadol yn ymwneud, yn arbennig, â chyfiawnder troseddol, tebyg i wahardd troseddau ôl-weithredol a gwneud darpariaeth i sicrhau y gall pwyntiau cyfraith gael eu penderfynu yn y llys uchaf. Byddai'n nodi yr hawl i herio penderfyniadau llywodraeth a gwasanaethau cyhoeddus.

Dylid gwneud darpariaethau ar gyfer help ariannol a help arall i gael mynediad i gyfiawnder.

Llys Cyfansoddiadol
Mae Llys Cyfansoddiadol yn sefyll ar wahân i lysoedd 'cyffredin', h.y. cangen farnwrol y Wladwriaeth. Caiff y llysoedd cyffredin y ddyletswydd o weithredu a lle bo angen o ddehongli'r gyfraith yn ystod dyfarnu. Os yw gwneuthurwyr cyfreithiau yn anfodlon gyda phenderfyniadau barnwrol, mater iddynt hwy yw cynnig a phasio newidiadau i'r gyfraith.

Mae'r Llys sy'n dyfarnu anghydfodau ynghylch â yw cyfreithiau a gweithredoedd llywodraeth yn gyfansoddiadol ai peidio yn gwneud penderfyniadau na ellir eu gwrthdroi gan ddeddfiadau deddfwriaethol neu weithredol dilynol. Yn unol â hynny, mae rhoi'r awdurdodaeth i lysoedd cyffredin i wneud hyn yn eu gosod yn uwch na phwerau eraill y

A Constitutional Court

A Constitutional Court stands apart from the 'ordinary' courts, i.e. the judicial branch of the state. The ordinary courts are charged with applying, and where necessary interpreting the law in the course of adjudication. If the lawmakers are dissatisfied with judicial decisions, it is open for them to propose and pass changes to the law.

The Court, which adjudicates disputes regarding the constitutionality of laws and government actions, makes decisions which cannot be overturned by subsequent legislative or executive enactments. Accordingly, giving the ordinary courts the jurisdiction to do this places them above the other state powers. Such decisions could only be overturned by amending the Constitution. For that reason, many countries entrust that jurisdiction to a separate institution – the Constitutional Court – appointed and staffed differently from the ordinary courts and with different safeguards for independence.

In order to uphold both the separation of powers and the rule of law, some states make provision for a distinct Constitutional Court specifically to deal with matters relating to the Constitution, such as challenges to the legality of Senedd enactments or unconstitutional acts or omissions of government. Such a court could be charged with references as to the legality of proposed enactments prior to promulgation or reference from, e.g. the Head of State, the law officer(s), the National Council. With a jurisdiction limited to such matters, this Court would stand apart from all three state powers – legislative, executive and judicial. The composition of the Court and the method of appointing its judges would seek to guarantee that independence, as would the rules regarding quorum. In Italy, for example, the Court has fifteen judges, five appointed by each of the legislature, the executive and the judiciary, with a quorum of eleven. Judges serve for a fixed

wladwriaeth. Dim ond drwy ddiwygio'r Cyfansoddiad y gellir gwrthdroi penderfyniadau o'r fath. Oherwydd hynny, mae llawer o wledydd yn ymddiried yr awdurdodaeth honno i sefydliad ar wahân – y Llys Cyfansoddiadol – a gaiff ei benodi a'u staffio'n wahanol i'r llysoedd cyffredin a gyda gwahanol fesurau diogelu ar gyfer annibyniaeth.

Er mwyn cynnal gwahaniad pwerau a hefyd reolaeth y gyfraith, mae rhai gwladwriaethau yn cynnwys darpariaeth ar gyfer Llys Cyfansoddiadol neilltuol yn benodol i ddelio gyda materion yn ymwneud â'r Cyfansoddiad, tebyg i heriau am gyfreithlondeb deddfiadau'r Senedd neu weithredoedd anghyfansoddiadol neu wallau llywodraeth. Gallai llys o'r fath ddod yn gyfrifol am gyfeiriadau ynghylch cyfreithlondeb deddfiadau arfaethedig cyn cyhoeddi neu gyfeiriad gan e.e. Pennaeth y Wladwriaeth, swyddog(ion) y gyfraith, y Cyngor Cenedlaethol. Gydag awdurdodaeth wedi ei chyfyngu i faterion o'r fath, byddai'r Llys yn sefyll ar wahân i bob un o dri grym y wladwriaeth – deddfwriaethol, gweithrediadol a barnwrol. Byddai cyfansoddiad y Llys a'r dull o benodi ei farnwyr yn ceisio gwarantu'r annibyniaeth honno, yn yr un modd â'r rheolau am gworwm. Yn yr Eidal, er enghraifft, mae gan y Llys 15 barnwr, 5 wedi eu penodi gan y ddeddfwrfa, 5 gan y weithrediaeth a 5 gan y farnwriaeth gyda chworwm o 11. Mae barnwyr yn gwasanaethu am gyfnod sefydlog, ni fedrir eu hail-benodi ac nid ydynt yn gymwys i ddal rhai swyddi eraill.

Byddai'r Cyfansoddiad hefyd yn darparu ar gyfer effeithiau dyfarniadau'r Llys ar ddilysrwydd neu hyfywedd parhaus deddfwriaeth a gaiff ei herio o'i flaen.

Llywodraeth Ranbarthol a Lleol

Caiff darpariaeth yn aml ei gwneud o fewn cyfansoddiadau ar gyfer gwahanol haenau llywodraeth ranbarthol a lleol. Cyn y gellir ystyried manylion darpariaeth o'r fath, mae'n rhaid cael eglurdeb am y ffordd y caiff tiriogaeth y wladwriaeth ei

term, cannot be re-appointed and are ineligible to hold certain other positions.

The Constitution would also provide for the effects of the judgments of this Court upon the validity or continued validity of legislation challenged before it.

Regional and Local Government
Provision is often made within constitutions for the various tiers of regional and local government. Before the detail of such provision can be considered, there must be clarity regarding the manner in which the state territory is to be divided for the purposes of local government, in particular with regard to how many tiers of regional/local government are to exist. By incorporating community, local and potentially regional government into the Constitution, whatever arrangements are decided upon will be constitutionally protected. That is, they will be protected from undue interference from the national government and legislature. Many countries name their regions, and it is usual to list their responsibilities.

When this has been done, the legal status of local government bodies will need to be determined, for example that they are bodies corporate. Their powers and duties will be defined, together with the matters or subjects which are to be within their competence, and the way their functions are funded and resourced will also be set out. The structure of each level of governance will be set in terms of their executive and subordinate legislative activity and the accountability of the administration. The method and frequency of their elections will be stated, together with the qualification to vote, to stand for office, and disqualifying factors.

Revision of the Constitution
The special procedures required for amending the Constitution would be included, so as to entrench the Constitution's provisions. These might involve, for instance,

rhannu ar gyfer dibenion llywodraeth leol, yn neilltuol yng nghyswllt faint o haenau o lywodraeth ranbarthol/lleol sydd i fodoli. Drwy gynnwys llywodraeth gymunedol, lleol ac efallai ranbarthol yn y Cyfansoddiad, caiff pa bynnag drefniadau y penderfynir arnynt eu diogelu gan y cyfansoddiad. Hynny yw, cânt eu diogelu rhag ymyriad gormodol gan lywodraeth genedlaethol a'r ddeddfwrfa. Mae llawer o wledydd yn enwi eu rhanbarthau ac mae'n arferol rhestru eu cyfrifoldebau.

Pan fydd hyn wedi ei wneud, bydd angen penderfynu ar statws cyfreithiol cyrff llywodraeth leol, er enghraifft eu bod yn gyrff corfforedig. Caiff eu pwerau a'u dyletswyddau eu diffinio, ynghyd â'r materion neu bynciau a fydd o fewn eu cymhwysedd a'r ffordd y caiff eu swyddogaethau eu cyllido a'r adnoddau fydd ar gael iddynt. Caiff strwythur pob lefel o lywodraeth ei osod yn nhermau eu gweithrediaeth a gweithgaredd deddfwriaethol eilaidd ac atebolrwydd y weinyddiaeth. Caiff dull ac amlder eu hetholiadau eu nodi, ynghyd â'r cymhwyster i bleidleisio, i sefyll ar gyfer dal swydd, a ffactorau sy'n datgymhwyso.

Diwygio'r Cyfansoddiad
Byddai'r gweithdrefnau arbennig sydd eu hangen i ddiwygio'r Cyfansoddiad yn cael eu cynnwys, er mwyn sefydlu darpariaethau'r Cyfansoddiad. Gallai hyn gynnwys, er enghraifft, bleidlais mwyafrif wedi ei phwysoli ar ddiwygiadau o'r fath yn y Senedd, refferenda, cyfuniad o a/neu ofynion lluosog amdanynt, a hyd yn oed ar faterion tebyg i ddiwygio'r hawliau sylfaenol, etholiad cyffredinol yn cael ei gynnal cyn ail bleidlais.

Darpariaethau Trosiannol
Bydd darpariaethau trosiannol yn cynnwys darpariaeth ar gyfer y dull y daw gwahanol rannau y Cyfansoddiad i rym yn dilyn cymeradwyaeth gan y bobl.

weighted majority voting on such amendments in the Senedd, referenda, a combination of and/or multiple requirements for these, and even, on certain matters such as amending the fundamental rights, an intervening general election before a second vote.

Transitional Provisions
Transitional provisions will make provision for the means whereby the various parts of the Constitution will come into force following approval by the people.

5

Dyfodol
Cydffederal Posibl

BYDD ANNIBYNIAETH YN rhoi cyfle i Gymru adeiladu trefniadau newydd neu gryfhau trefniadau presennol i gydlynu a datblygu perthynas rhwng cenhedloedd a llywodraethau Ynysoedd Prydain. Byddai hyn yn galluogi cydweithredu lle mae hynny er budd pawb.

Er enghraifft, mae potensial i hyrwyddo cysylltiadau cadarnhaol ac ymarferol drwy fforymau tebyg i'r Cyngor Prydeinig-Gwyddelig a Chynhadledd Rhyng-lywodraethol Prydain-Iwerddon. Mae partneriaethau rhanbarthol rhyngwladol yn nodwedd o bartneriaethau llwyddiannus eraill yn y byd (er enghraifft y Cyngor Nordig). Er bod Cymru yn eistedd ar hyn o bryd wrth fwrdd y Cyngor Prydeinig-Gwyddelig, bydd cydweithredu ar sail gyfartal fel gwlad annibynnol yn sefyllfa lawer iawn yn well.

Fel y dywedodd Comisiwn Annibyniaeth Plaid Cymru, mae'r Blaid wedi bod o blaid perthynas gydffederal rhwng cenhedloedd Prydain ers amser maith.

Dadleuodd Saunders Lewis, yn *Egwyddorion Cenedlaetholdeb*, ei araith i ysgol haf gyntaf y Blaid yn 1926, y dylem fynnu ein sofraniaeth, ond dim ond er mwyn medru ei rhannu. Yn yr un modd yn 1982 yn ei gyhoeddiad *Diwedd Prydeindod*, dadleuodd Gwynfor Evans, er bod dyfodol Cymru yn annatod o weddill Prydain, bod angen gosod hynny o fewn fframwaith cyfansoddiadol newydd sy'n rhoi rhyddid

5

A Potential Confederal Future

INDEPENDENCE WILL PROVIDE an opportunity for Wales to build new or strengthen existing arrangements to co-ordinate and develop relationships between the nations and governments of the British Isles. These will enable co-operation where that is in our mutual interests.

For example, there is the potential to promote positive, practical relationships through forums such as the British-Irish Council and the British-Irish Intergovernmental Conference. International regional partnerships are a feature of other successful partnerships in the world (for example, the Nordic Council). While Wales currently sits at the table of the British-Irish Council, co-operating on the basis of equality as an independent country will be a vastly improved position.

As set out by Plaid Cymru's Independence Commission, the party has long favoured a confederal approach to relations between the nations of Britain.

Saunders Lewis, in 'Principles of Nationalism', his speech to the party's first summer school in 1926, argued that we should assert our sovereignty, but only in order to be willing to share it. Similarly, in 1982 in his publication *Diwedd Prydeindod* (The End of Britishness), Gwynfor Evans argued that while Wales's future was inseparable from the rest of Britain, it needed to be framed within a new constitutional

a chydraddoldeb ar gyfer y cenhedloedd sy'n cymryd rhan. Dywedodd y byddent yn:

> ... cydweithredu yn glos â'i gilydd mewn conffederaliaeth... Mynnwn, gan hynny, le i Gymru mewn partneriaeth rhwng cenhedloedd rhydd a chydradd yr ynysoedd hyn. Dyma'r unig safle teilwng i'r hen genedl hon. Partneriaeth yw'r gair, canys y byddai perthynas agosach nag sy'n arferol rhwng ei haelodau a'i gilydd: partneriaeth gynnes lle y parchai'r naill genedl fywyd y lleill yn llawn.[33]

Mewn araith yng Nghaeredin ym mis Mehefin 2019, awgrymodd Adam Price y gallai perthynas gydffederal rhwng yr Iseldiroedd, Gwlad Belg a Lwcsembwrg gynnig templed ar gyfer perthynas y dyfodol rhwng cenhedloedd Prydain. Fel y dywedodd, mae'n cynnig gweledigaeth hollol newydd ar gyfer dyfodol Prydain.

> *It is one where its constituent nations come together to create a new civic sensibility and a new partnership of equals. It is one that is outward looking as well, that embraces a confident sense of being at ease with a wider sense of Europe.*[34]

Mae cydffederasiwn Benelux yn cynnwys yr Iseldiroedd (poblogaeth 17.10m), Gwlad Belg (11.5m) a Lwcsembwrg (613,000). Mae'r tair gwlad yn freniniaethau cyfansoddiadol ac mae Gwlad Belg ei hun wedi ei ffederaleiddio yn dri rhanbarth: Fflandrys, Wallonia a Brwsel. Disgrifiwyd Benelux fel undeb economaidd-wleidyddol.

Gwers bwysig y mae Benelux yn ei chynnig i ni yw ei bod yn hollol bosibl i fod yn aelod o gonffederasiwn sydd yn ei dro yn gweithredu o fewn conffederasiwn Ewropeaidd ehangach. Felly nid yw conffederasiwn ac aelodaeth o'r Undeb Ewropeaidd yn ddewisiadau sy'n gwrth-ddweud ei gilydd. Yn wir, byddem yn dadlau y gallai'r newid yn yr hinsawdd gwleidyddol yn deillio o greu conffederasiwn

framework that provided freedom and equality for the participating nations. These, he said:

> *... would co-operate closely together in a confederation...*
> *Therefore let us ensure for Wales a place in [that kind of]*
> *partnership. That is the only worthy status for this ancient*
> *nation. Partnership is the word, for there would exist a closer*
> *relationship than is usual among its members: a warm*
> *partnership in which each nation respects the life of the others*
> *in full.*[33]

In a speech in Edinburgh in June 2019, Adam Price suggested that the confederal relationship between the Netherlands, Belgium, and Luxembourg could offer a template for future relationships between the nations of Britain. As he said, it offers a completely new vision for Britain's future:

> *It is one where its constituent nations come together to create*
> *a new civic sensibility and a new partnership of equals.*
> *It is one that is outward looking as well, that embraces*
> *a confident sense of being at ease with a wider sense of*
> *Europe.*[34]

The Benelux Confederation comprises the Netherlands (population 17.10m), Belgium (11.5m) and Luxemburg (613,000). The three countries are constitutional monarchies and Belgium is itself federated into three regions: Flanders, Wallonia and Brussels. Benelux has been described as a politico-economic union.

An important lesson that Benelux offers us is that it is perfectly possible to be a member of a confederation which, in turn, operates within a wider European confederation. A confederation and membership of the European Union are therefore not mutually exclusive alternatives. Indeed, we would argue that the changed political climate arising

o'r fath dros amser annog ailintegreiddiad i'r prosiect
Ewropeaidd.

Mae Benelux yn gweithredu fel strwythur uwchwladol
soffistigedig. Mae ganddynt ystod trosfwaol o sefydiadau
gwleidyddol, gweinyddol a chyfreithiol sydd gyda'i gilydd yn
ffurfio system gydffederal gymharol gydlynol, yn gweithredu
tu mewn i fframwaith mwy llac yr Undeb Ewropeaidd. Eto
mae Gwlad Belg, yr Iseldiroedd a hyd yn oed Lwcsembwrg
fach yn parhau yn wledydd annibynnol, neilltuol. Fel y
dywedodd Adam Price:

> I would argue that by pooling their powers within both
> Benelux and the European Union, the three countries have
> enlarged and strengthened their sovereignty. By operating
> closely together they have obtained greater flexibility and reach
> in the exercise of national power, grown their economies, and
> enhanced their presence and prestige on the world stage.[35]

Dylid tanlinellu y cafodd Cydffederasiwn Benelux ei greu
fel canlyniad i wledydd annibynnol yn dod ynghyd i gronni
agweddau o'u sofraniaeth er mwyn hyrwyddo, fel y dywedodd
Adam Price, eu presenoldeb a'u bri ar lwyfan y byd. Felly
mae'n dilyn cyn y medrid gweithredu model o'r fath at y
berthynas rhwng Cymru, yr Alban a Lloegr, byddai'n rhaid i
bob un yn gyntaf fynnu eu sofraniaeth annibynnol.

from the creation of such a confederation could, over time, encourage reintegration into the European project.

Benelux operates as a sophisticated supranational structure. It has an overarching range of political, administrative and legal institutions that, taken together, constitute a relatively cohesive confederal system, operating inside the looser framework of the European Union. Yet Belgium, the Netherlands, and even tiny Luxembourg remain distinctive, independent countries. As Adam Price concluded:

> I would argue that by pooling their powers within both Benelux and the European Union, the three countries have enlarged and strengthened their sovereignty. By operating closely together they have obtained greater flexibility and reach in the exercise of national power, grown their economies, and enhanced their presence and prestige on the world stage.[35]

It should be underlined that the Benelux Confederation has been created as a result of independent countries coming together to pool aspects of their sovereignty, in order to enhance, as Adam Price said, 'their presence and prestige on the world stage'. It follows therefore that before such a model could be applied to the relationship between Wales, Scotland, and England, each would first have to assert their independent sovereignty.

6

Yr Achos dros Annibyniaeth

CYHYD AG Y bydd system fyd-eang o wladwriaethau sofran yn parhau, bydd cyfiawnhad dros annibyniaeth Cymru. Dweud mae hynny fod y dymuniad yn seiliedig ar yr egwyddor, a nodir yn Erthygl 73 o Siarter y Cenhedloedd Unedig, fod gan bob cenedl sy'n dymuno hynny hawl i annibyniaeth.[36]

Cafodd y ffaith fod pobl Cymru yn genedl ar wahân, gyda hawl i benderfynu ei dull ei hun o lywodraeth, ei gydnabod yn ymarferol dro ar ôl tro yn refferenda 1979, 1997 a 2011. Caiff statws Cymru fel cenedl ei chynrychioli gan Senedd Cymru, deddfwrfa sy'n rhoi llais gwleidyddol cenedlaethol a etholwyd yn ddemocrataidd ar bob mater yn ymwneud â'r wlad.

Ers Deddf Diwygio 1867 a roddodd ryddfraint i rai o'r werin bobl am y tro cyntaf, nid yw Cymru erioed wedi dychwelyd mwyafrif Ceidwadol o Aelodau Seneddol. Eto am 91 mlynedd o'r cyfnod hwnnw o 155 mlynedd, cafodd Cymru ei rheoli gan San Steffan gan lywodraethau Ceidwadol neu fwyafrifol Ceidwadol.

Dywedwyd fod Cymru yn rhy fach i fod yn annibynnol. Nid yw hynny yn wir fel y gellir dangos gan yr Undeb Ewropeaidd lle mae gan saith o'i aelod wladwriaethau i boblogaeth lai na Chymru – Lwcsembwrg, Cyprus, Estonia, Latvia, Lithuania, Malta a Slofenia. Mae gan bump aelod wladwriaeth arall

6

The Case for Independence

As LONG AS a world system of sovereign states persists, there will be a justification for Welsh independence. That is to say, the aspiration is based on the principle, set out in Article 73 of the United Nations Charter, that all nations that so wish have a right to independence.[36]

The fact that the people of Wales are a distinct nation, with an entitlement to determine their own form of government, has been recognised in practice repeatedly in the referendums of 1979, 1997 and 2011. Wales's status as a nation is represented by the Senedd, the Welsh Parliament, a body that makes law and provides a democratically elected, national, political voice on all matters concerning the country.

Since the 1867 Reform Act which enfranchised working-class voters for the first time, Wales has never returned a Conservative majority of its MPs. Yet for 91 years of that 155-year period, Wales has been ruled from Westminster by Conservative or Conservative majority governments.

It has been argued that Wales is simply too small to be independent. That this is not the case can be demonstrated by the European Union where seven of its member states have populations smaller that Wales – Luxembourg, Cyprus, Estonia, Latvia, Lithuania, Malta and Slovenia. A further five member states – Denmark, Finland, Croatia, Ireland,

– Denmarc, Ffindir, Croatia, Iwerddon a Slofacia – i gyd boblogaethau sydd ond fymryn yn fwy. Mae gan draean (67) o'r 193 gwlad a gynrychiolir yn y Cenhedloedd Unedig boblogaethau llai na Chymru.

Fel y dywedodd Cyfansoddiad Annibyniaeth Plaid Cymru, mae Cymru wedi methu cyflawni ei photensial oherwydd ei bod wedi ei dal o fewn economi y Deyrnas Unedig a gynlluniwyd yn helaeth iawn er budd De Ddwyrain Lloegr a Dinas Llundain.[37] Ers Brexit mae Cymru wedi colli cyllid cydgyfeiriad Ewrop ac ni fu'r hyn a alwodd Llywodraeth y DU yn agenda 'codi'r gwastad' yn fawr mwy na geiriau gwag. Mae'r union ffaith fod chwech o ranbarthau Lloegr tu allan i'r De Ddwyrain ynghyd â Chymru, yr Alban a Gogledd Iwerddon mewn diffyg parhaus yn arwydd o fodel economaidd chwilfriw y DU. Mae'n fodel nad yw'n sicrhau ffyniant i Gymru ac nid yw'n cynnig unrhyw debygrwydd y bydd yn gwneud hynny.

Byddai Cymru annibynnol yn rhydd i newid hyn. Ni fyddem mwyach yn isradd i fuddiannau Llundain a De Ddwyrain Lloegr nac yn ddarostyngedig i bolisïau cyllido a benderfynir gan Lywodraeth y DU.

Mae gwersi i'w dysgu gan Iwerddon, gynt un o rannau mwyaf ymylol a thlotaf y Deyrnas Unedig. Mae bellach yn genedl annibynnol hunanhyderus, un o rannau cyfoethocaf yr Ynysoedd hyn, gyda sedd yn y Cenhedloedd Unedig. Os awn yn ôl i'r Rhaniad yn 1921, roedd 80 y cant o allbwn diwydiannol holl ynys Iwerddon yn dod o'r chwe sir a fyddai'n mynd yn Ogledd Iwerddon, yn canoli ar Belfast. Eto dros y ganrif ddiwethaf mae chwalfa economi Gogledd Iwerddon, oedd unwaith mor ddeinamig o gymharu ag economi'r Weriniaeth wedi bod yn wers fuddiol. Mae allbwn diwydiannol a ffyniant cyffredinol y Weriniaeth bellach yn llawer uwch na Gogledd Iwerddon. Gellir gofyn cwestiwn syml: pe na byddai Iwerddon wedi penderfynu 100 mlynedd yn ôl i wahanu oddi wrth Brydain, a fyddai'n awr ymysg

and Slovakia – all have populations that are only slightly larger. A third (67) of the 193 countries represented in the United Nations have populations smaller than Wales.

As Plaid Cymru's Independence Commission pointed out, Wales has failed to reach its potential because it is trapped within a UK economy that is overwhelmingly shaped in the interests of the South East of England and the City of London.[37] Since Brexit Wales has lost out on European convergence funding and the UK Government's so-called 'levelling up' agenda has been little more than hollow rhetoric. The very fact that along with Wales, Scotland and Northern Ireland and six of the English regions outside the South East are persistently in deficit is an indication of the broken UK economic model. It is a model that simply does not deliver prosperity to Wales and offers no prospect of doing so.

An independent Wales would be free to change this. We would no longer be subordinated to the interests of London and the South East of England or be subject to the fiscal policies determined by the UK Government.

There are lessons to be learned from Ireland, formerly one of the most peripheral and poorest parts of the UK. It is now a confident, self-assured independent nation, one of the richest parts of these isles, with a seat at the United Nations. If we go back to Partition in 1921, 80% of the industrial output of the entire island of Ireland came from the six counties that would become Northern Ireland, centred on Belfast. Yet over the past century the collapse of the once dynamic Northern Irish economy versus that of the Republic has been salutary. The Republic's industrial output and overall prosperity is now far greater than that of Northern Ireland. A simple question can be posed: if Ireland had not decided 100 years ago to break with Britain, would it now be among the richest parts of these isles, comparable with London and the South East?

rhannau cyfoethocaf yr Ynysoedd hyn, ar yr un raddfa â Llundain a De Ddwyrain Lloegr? Mae creu'r Senedd wedi cynyddu'r awydd am fwy o rym a democratiaeth seiliedig yng Nghymru. Mae nifer o ddatblygiadau cyfoes yn gwneud y ddadl dros annibyniaeth Cymru yn gryfach nag y bu erioed:

- Y cyntaf yw cynnydd mewn tlodi ac anghydraddoldeb. Mae traean ein plant, tua 200,000, yn byw mewn tlodi gyda 90,000 yn byw mewn tlodi difrifol. Nid yw'r wladwriaeth Brydeinig bellach yn darparu'r sicrwydd economaidd a fu mor hir yn dybiaeth o blaid aelodaeth o'r DU. Er mai hi yw'r chweched economi fwyaf yn y byd, mae'r DU yn un o'r gwladwriaethau mwyaf anghyfartal yn y byd datblygedig gyda system lesiant sy'n cosbi'r tlawd ac nad yw'n gweddu i Gymru.
- Yn ail mae'r argyfwng hinsawdd a bioamrywiaeth. Mae effeithiau rhyngdorrol newid hinsawdd, colli rhywogaethau ac anghenion economi Cymru yn golygu ei bod yn hanfodol i ni wneud addasiadau mawr yn ail chwarter y ganrif. Mae deddfwriaeth Cenedlaethau'r Dyfodol Senedd Cymru wedi gosod y trywydd y mae'n rhaid i ni ei ddilyn. Fodd bynnag, heb annibyniaeth, nid oes gennym y sbardunau i benderfynu ar ein datblygiad ein hunain.
- Mae'r symudiad i'r dde yn San Steffan dros y degawd diwethaf wedi creu amgylchedd gwrthwynebus ar gyfer datblygiad, ac yn wir union oroesiad, ein democratiaeth ifanc yng Nghymru. Nid oes gan Gymru yr offerynnau cyfansoddiadol na'r pwysau gwleidyddol sydd eu hangen i'w diogelu ei hun rhag gormodeddau gwaethaf San Steffan. Mae'r ymosodiadau cyson ar ddatganoli yn symptom o fregusrwydd ehangach Cymru. Yn y cyfamser, mae diwygiad economaidd a chyfansoddiadol y wladwriaeth Brydeinig yn parhau yn freuddwyd gwrach, gan wneud annibyniaeth yr amgen pragmatig.

The creation of the Senedd has only increased the appetite for more Welsh-based power and democracy. A number of contemporary developments are making the argument for Welsh independence stronger than it has ever been:

- First is increasing poverty and inequality. A third of our children, some 200,000, are in poverty, with 90,000 in severe poverty. The British state is no longer providing the economic security that has long been an assumption in favour of membership of the UK. Despite being the sixth biggest economy in the world, the UK is one of the most unequal countries in the developed world with a punitive welfare system that punishes the poor and does not suit Wales.
- Second is the climate and biodiversity emergency. The intersecting effects of climate change, species depletion and the needs of the Welsh economy oblige us to make major adjustments in the second quarter of the century. The Senedd's Future Generations legislation has set out the path we must follow. However, without independence we lack the levers to determine our own development.
- Westminster's lurch to the right over the last decade has created a hostile environment for the development, and indeed very survival of our young Welsh democracy. Wales lacks the constitutional tools and political leverage to protect itself from the worst excesses of Westminster. The constant attacks on devolution are a symptom of this wider Welsh vulnerability. Meanwhile, economic and constitutional reform of the British state remains a distant prospect, making independence the pragmatic alternative.

As a state the UK is stuck in an unresolved imperial past with outdated structures. This was demonstrated by the Brexit vote. In spirit the UK remains an empire state that was defined by militarism and colonial conquest across

Fel gwladwriaeth mae'r DU wedi ei dal mewn gorffennol ymerodrol heb ei ddatrys gyda strwythurau hen-ffasiwn. Dangoswyd hyn gan bleidlais Brexit. Mewn ysbryd mae'r DU yn parhau'n wladwriaeth ymerodrol a gafodd ei diffinio gan filwriaeth a choncwest drefedigaethol ar draws y byd. Ar y llaw arall mae gan Gymru y potensial i fod yn flaengar ac yn edrych ar i faes, yn cael ei llywio gan weledigaeth flaengar.

Mae'r achos dros annibyniaeth yn eang ac yn aml-agweddog ond cafodd mwy a mwy o'n dinasyddion eu darbwyllo gan y dadleuon allweddol dilynol:

- **Democratiaeth:** Caiff penderfyniadau am Gymru eu cymryd gan y bobl sy'n caru Cymru fwyaf – y rhai sy'n byw yma – drwy ein Senedd a'n Llywodraeth annibynnol ein hunain. Caiff sofraniaeth pobl Cymru – yn hytrach na sofraniaeth unrhyw senedd – ei chynnwys mewn cyfansoddiad y byddwn yn penderfynu arno gyda'n gilydd.
- **Llesiant:** Caiff ein polisi economaidd a chymdeithasol, ein system o drethiant a budd-daliadau, llywodraethiant a rheoleiddio eu penderfynu gan y Senedd a Llywodraeth etholedig a gellir eu teilwra i anghenion a gwerthoedd Cymru. Gallwn fynd i'r afael ag anghyfiawnderau cymdeithasol ac economaidd hir-sefydlog, gan alluogi mwy a mwy o'n pobl i fyw i'w potensial llawn.
- **Yr Amgylchedd:** Gallwn adeiladu mwy o sicrwydd ynni, manteisio i'r eithaf ar ein hasedau adnewyddadwy, datgarboneiddio ein heconomi a'n cymdeithas, a chyflymu trosiant cyfiawn i Gymru ecolegol gynaliadwy sy'n deg ac sy'n ffynnu.
- **Diwylliant:** Byddwn yn rhydd i ddatblygu diwylliant Cymru a'r iaith Gymraeg yn ôl blaenoriaethau democrataidd pobl Cymru.
- **Trethiant:** Byddwn yn creu system drethiant fodern, effeithiol a thecach wedi ei theilwra ar gyfer anghenion Cymru.

the world. On the other hand, Wales has the potential to be forward thinking and outward looking, shaped by a progressive vision.

The case for independence is broad and multi-faceted, but more and more of our citizens have been persuaded by the following key arguments:

- **Democracy**: Decisions about Wales will be taken by the people who care most about Wales – those who live here – through our own independent Senedd and Government. The sovereignty of the people of Wales – rather than the sovereignty of any parliament – will be written into a Constitution which we will collectively decide.

- **Wellbeing**: Economic and social policy, our system of tax and benefits, governance and regulation will be determined by the elected Senedd and Government and can be tailored to Wales's needs and values. We will be able to address long-standing social and economic injustices, enabling more and more of our people to live to their full potential.

- **Environment**: We will be able to build greater energy security, maximise our renewable assets, decarbonise our economy and society, and accelerate a just transition to an ecologically sustainable Wales that is fair and flourishing.

- **Culture**: We will be free to develop the Welsh culture and language according to the democratic priorities of the people of Wales.

- **Tax**: We will create a modern, efficient and more equitable tax system tailored to Wales's needs.

- **International**: We will be able to join the United Nations and all other international bodies as a nation in our own right and be empowered to re-join the European Union as soon as practicable, if our people choose to do so. We will become partners with the

- **Rhyngwladol:** Gallwn ymuno â'r Cenhedloedd Unedig a phob fforwm rhyngwladol arall fel cenedl go iawn gyda'r grym i ailymuno â'r Undeb Ewropeaidd cyn gynted ag sy'n ymarferol, os yw ein pobl yn dewis gwneud hynny. Deuwn yn bartneriaid gyda chenhedloedd eraill ar draws Ynysoedd Prydain ar sail gwir gydraddoldeb, gan gydweithredu'n agos pan fo hynny er budd cenedlaethol yr holl wledydd.

Dylai annibyniaeth fod yn opsiwn democrataidd ar gyfer pobl unrhyw genedl fel yr awgrymir gan yr egwyddor hunan-benderfyniad a goleddir yn Siarter y Cenhedloedd Unedig. I ddilyn yr egwyddor hon, rydym yn annog y Comisiwn i argymell:

- Gwneud cais ffurfiol am y grym i alw refferendwm ar annibyniaeth i gael ei drosglwyddo i Senedd Cymru o San Steffan.

- Sefydlu'r egwyddor sylfaenol y dylid cynnal cynulliad dinasyddion cyn unrhyw refferendwm yn y dyfodol i sicrhau fod gan ddinasyddion yr atebion maent eu hangen i wneud dewis gwybodus.

- Llywodraeth Cymru i gomisiynu cyngor ac ymchwil annibynnol a gwrthrychol ar ystyriaethau ymarferol annibyniaeth, yn cynnwys modelu economaidd, i gael ei ddiweddaru'n rheolaidd fel mater o gamau pragmatig wrth gefn.

other nations across the British Isles on the basis of genuine equality, co-operating closely when it is in our respective national interests.

Independence should be a democratic option for the people of any nation as the principle of self-determination enshrined in the United Nations Charter implies. In pursuit of this principle, we urge the Commission to recommend that:

- A formal request is made for the power to call a referendum on independence, to be transferred to the Senedd from Westminster.
- The basic principle be established that a citizens' assembly should be held before any future referendum to help ensure that citizens have the answers they need to make an informed choice.
- Independent and objective advice and research is commissioned by the Welsh Government on the practicalities of independence, including economic modelling, to be regularly updated as a matter of pragmatic contingency.

Atodiad

Tiriogaethau cysylltiadaeth rydd perthnasol i Gymru

Tiriogaethau Dibynnol y Goron

Gellir disgrifio trefniadau cyfansoddiadol Tiriogaethau Dibynnol y Goron – Ynys Manaw a Beilïaethau Ynysoedd Jersey a Guernsey – fel 'cysylltiadaeth rydd'. Er yn rhan o diriogaeth y Goron, ni chânt eu hystyried fel bod yn rhan o'r Deyrnas Unedig a chânt eu llywodraethu gan ymarfer awdurdod y Goron drwy weithrediaethau a deddfwrfeydd lleol. Ni chafodd eu statws cyfansoddiadol erioed ei ddiffinio gan statud ac mae rhai agweddau pwysig ohono yn parhau'n ansicr, yn neilltuol i ba raddau y gall Senedd y DU, yn ddamcaniaethol, ddeddfu'n uniongyrchol yng nghyswllt Tiriogaethau Dibynnol y Llywodraeth. Gwnaeth hynny weithiau yn y gorffennol. Fodd bynnag, y *confensiwn* cyfredol yw nad yw'n gwneud hynny heb eu cydsyniad a hyd yn oed wedyn caiff ymreolaeth ddeddfwriaethol Tiriogaethau Dibynnol y Goron ei barchu drwy'r ddyfais o rymuso Ei Fawrhydi i ymestyn darpariaethau'r Ddeddf dan sylw gan gam deddfwriaethol annibynnol ychwanegol Gorchymyn yn y Cyfrin Gyngor gan y brenin/frenhines.

Yng nghyswllt eu busnes mewnol, mae gan Diriogaethau Dibynnol y Goron ryddid deddfwriaethol llawn a'r unig

Appendix

Freely associated territories of relevance to Wales

The Crown Dependencies

The constitutional arrangements of the Crown Dependencies – the Isle of Man and the Bailiwicks of Jersey and Guernsey – can be described as 'free association'. Although part of the Crown's realms, they are not regarded as being part of the United Kingdom and are governed by the exercise of Crown authority through local executives and legislatures. Their constitutional status has never been defined by statute and some important aspects of it remain uncertain, in particular the extent to which the UK Parliament can, in theory, legislate directly in relation to the Crown Dependencies. On occasion in the past, it has done so. However, the current *convention* is that it does not do so without their consent and even then the legislative autonomy of the Crown Dependencies is respected by the device of empowering His Majesty to extend provisions of the Act in question by the additional independent legislative step of an Order in Council by the sovereign.

In relation to their internal affairs, the Crown Dependencies have full legislative freedom and the only functions of government which they do not exercise control

swyddogaethau llywodraeth nad ydynt yn eu rheoli yw amddiffyn a materion tramor. Yn ymarferol, mae deddfwriaeth y DU mewn meysydd tebyg i arian cyfred a masnach ryngwladol hefyd yn effeithio'n uniongyrchol arnynt oherwydd y defnyddiant y bunt sterling a'u bod felly mewn undeb tollau gyda'r DU. Ond nid oes ganddynt unrhyw gynrychiolaeth yn Senedd y DU ac maent yn gorfod dibynnu ar gysylltiadau rhyng-llywodraeth eraill i fynegi unrhyw farn a all fod ganddynt ar gyfeiriad polisi'r DU mewn meysydd o'r fath.

Mae'r trefniadau ariannol rhwng Tiriogaethau Dibynnol y Goron a'r Deyrnas Unedig yn gymhleth ac anhryloyw. Caiff adnoddau eu trosglwyddo mewn o leiaf dair ffordd. Gwnânt daliadau i'r DU yng nghyswllt rhai gwasanaethau y maent yn gorfod eu 'prynu i mewn', tebyg i gost triniaeth feddygol arbenigol y bu'n rhaid i'w dinasyddion gael eu trosglwyddo i'r DU i'w derbyn. Derbyniant gyfran o dollau a TAW a gasglwyd gan HMRC. Mae trefniadau cilyddol yn ymwneud â budd-daliadau nawdd cymdeithasol (lle mae dinasyddion y DU a dinasyddion Tiriogaethau Dibynnol y Goron yn derbyn budd-daliadau lleol os ydynt yn preswylio yn nhiriogaethau ei gilydd heb orfod bodloni amodau cyfraniadau lleol) yn gweithredu er eu budd nhw neu'r DU yn dibynnu ar faint yr hawliadau o bryd i'w gilydd heb fod unrhyw ddull ar gyfer tâl cydbwyso. Yn olaf mae Ynys Manaw (ond nid Ynysoedd y Sianel) yn gwneud cyfraniadau nominol i drysorlys y DU a fynegir i fod yn ystyriaeth o ddarpariaeth amddiffyn a chynrychiolaeth dramor ond nad ydynt yn seiliedig ar unrhyw asesiad o fudd y gwasanaethau hyn ac a gafodd eu disgrifio fel bod yn ddim mwy nag arwydd o ewyllys da.

Gan nad ydynt yn isradd i'r DU nid yw'n glir a oes unrhyw reswm pam na ddylai Tiriogaethau Dibynnol y Goron eisoes fod wedi eu cydnabod fel gwladwriaethau annibynnol dan gyfraith ryngwladol, pe dewisent y statws hwnnw. Daeth bygythiadau i gymryd cam o'r fath, yn neilltuol yn achos

over are defence and foreign affairs. In practice, UK legislation in areas such as the currency and international trade also impacts on them directly because they use the pound sterling and are in a customs union with the UK. But they have no representation in the UK Parliament and have to rely on inter-governmental relations to express any views they may have on the direction of UK policy in such areas.

Financial arrangements between the Crown Dependencies and the UK are complex and lacking in transparency. Transfers of resources take place in at least three ways. They make payments to the UK in respect of certain services which they have to 'buy in', such as the cost of specialist medical treatment for which their citizens have had to be transferred to the UK. They receive a share of customs duties and VAT collected by HM Revenue and Customs. Reciprocal arrangements relating to social security benefits (whereby UK citizens and citizens of the Crown Dependencies receive local benefits if resident in each others' territories without having to satisfy local contribution conditions) operate to their benefit or that of the UK, depending on the size of claims from time to time without there being any mechanism for a balancing charge. Finally, the Isle of Man (but not the Channel Isles) makes nominal contributions to the UK Exchequer which are expressed to be in consideration of the provision of defence and foreign representation but which are not based on any assessment of the benefit of those services and which have been described as amounting to no more than a token of goodwill.

Since they are not subordinate to the UK, it is not clear that there is any reason why the Crown Dependencies should not already be recognised as independent states under international law, should they choose to assert that status. Threats to take such a step, particularly in the case

Ynys Manaw, i'r amlwg o bryd i'w gilydd mewn ymateb i weithredoedd gan y DU yr ystyrir ei bod yn tresmasu ar awdurdodaeth Ynys Manaw (e.e. pan geisiodd y DU atal gorsafoedd radio answyddogol rhag darlledu i'r DU o Ynys Manaw a phan geisiodd y DU rewi asedau banciau Gwlad yr Iâ wedi'u lleoli yn Ynys Manaw yn ystod yr argyfwng credyd). Mae Tiriogaethau Dibynnol y Goron yn aelodau o Gyngor Prydain-Iwerddon yn ogystal â'u perthynas waith dydd-i-ddydd agos gyda Llywodraeth y DU (mae'r Weinyddiaeth Gyfiawnder yn gyfrifol am gysylltiadau dwyochrog). Maent y dyddiau hyn hefyd yn cynnal perthynas waith gyda chyrff rhyngwladol tebyg i'r Undeb Ewropeaidd a gallant gael eu hawdurdodi gan y Deyrnas Unedig i ymrwymo i negodiadau gyda gwladwriaethau tramor yn enw'r DU ar faterion sy'n ymwneud â'u materion mewnol.

Ynysoedd Ffaro
Enghraifft arall o gysylltiadaeth rydd yw Ynysoedd Ffaro (a'r Ynys Las) o fewn Brenhiniaeth Denmarc. Y term cyfansoddiadol ar gyfer trefniadau Denmarc yw *Hjemmestyre* (ymreolaeth). Cyn yr Ail Ryfel Byd roedd Ynysoedd Ffaro yn cael eu llywodraethu fel rhan gyfannol (os anghysbell) o Ddenmarc. Arweiniodd meddiannu Denmarc gan yr Almaen yn 1940 at iddynt hwy (a Gwlad yr Iâ) gael eu meddiannu, am resymau strategol, gan y DU a sefydlu senedd a llywodraeth Ynysoedd Ffaro i ddisodli, yn lleol, y rôl na fedrai y sefydliadau yn Copenhagen ei chwarae mwyach. Arweiniodd hyn at dwf mawr yn economi'r ynysoedd, gyda buddsoddiad hir-ddisgwyliedig mewn seilwaith (e.e. adeiladu'r maes awyr cyntaf) a datblygu marchnad barod ar gyfer pysgod Ynysoedd Ffaro yng ngwledydd y Gynghrair.

Ar ddiwedd y rhyfel roedd mudiad cryf dros ddatganiad annibyniaeth gan Ynysoedd Ffaro (cam a gymerodd Gwlad yr Iâ eisoes yn ystod y rhyfel). Yn lle hynny, ymateb Denmarc oedd rhoi datganoli helaeth i'r ynysoedd dan

of the Isle of Man, have emerged from time to time in response to UK actions regarded as impinging on the Isle of Man's jurisdiction (e.g. when the UK sought to prevent 'pirate' radio stations from broadcasting to the UK from the Isle of Man, and when the UK sought to freeze the assets of Icelandic banks based in the Isle of Man during the credit crisis). The Crown Dependencies are members of the British-Irish Council and, as well as their close day-to-day working relationship with the UK Government (the Ministry of Justice is responsible for bilateral relations), they nowadays also maintain working relationships with international bodies such as the EU and can be authorised by the UK to enter into negotiations with foreign states in the name of the UK on matters which relate to their internal affairs.

The Faroe Islands

Another example of free association is that of the Faroe Islands (and of Greenland) within the Kingdom of Denmark. The constitutional term for the Danish arrangements is *Hjemmestyre* (Home Rule). Before World War II the Faroes were governed as an integral (if remote) part of Denmark. Occupation of Denmark by Germany in 1940 led to them (and Iceland) being occupied, for strategic reasons, by the UK and the setting up of a Faroese parliament and government to replace, locally, the role which could no longer be played by the institutions in Copenhagen. The war led to a boom in the economy of the islands, with long overdue investment in infrastructure (e.g. the construction of the first airfield) and the development of a ready market for Faroese fish in the Allied countries.

At the end of the war a strong movement emerged for a Faroese declaration of independence (a step already taken by Iceland during the war). The Danish response was, instead, to grant the islands a high degree of devolution under the 1948 Home Rule Act. A further Act of 2005

Ddeddf Ymreolaeth 1948. Fe wnaeth Deddf arall yn 2005 drosglwyddo (neu awdurdodi trosglwyddo) bron holl swyddogaethau gweddilliol y llywodraeth, ac eithrio'r Cyfansoddiad, y Goruchaf Lys, polisi tramor, diogelwch ac amddiffyn a pholisi cyfnewid tramor ac ariannol.

Caiff faint o ymlywodraeth a fwynhawyd gan Ynysoedd Ffaro ei ddangos gan y ffaith iddynt fedru cymryd y penderfyniad i beidio ymuno â'r Undeb Ewropeaidd pan wnaeth Denmarc hynny yn 1973 (yn seiliedig ar eu dymuniad i beidio bod yn ddarostyngedig i'r Polisi Pysgodfeydd Cyffredin). Yn lle hynny, mae ganddynt eu cytundeb masnach rydd eu hunain gyda'r Undeb Ewropeaidd ac yn defnyddio Krone Denmarc (sydd wedi'i gysylltu gyda gwerth yr Euro) fel arian cyfred. Mae preswylwyr Ynysoedd Ffaro yn ddinasyddion Denmarc ond nid ydynt, os ydynt yn byw yn yr ynysoedd, yn cymhwyso fel dinasyddion yr Undeb Ewropeaidd. Mae trysorlys Denmarc yn gwneud cyfraniad blynyddol o tua 13% i gyllideb Ynysoedd Ffaro. Yn ogystal â rhoi ymreolaeth bron yn gyflawn heblaw mewn meysydd cyfyngedig iawn tebyg i faterion tramor, roedd diwygiadau cyfansoddiadol 2005 serch hynny yn rhoi system lle gall Ynysoedd Ffaro negodi cytundebau rhyngwladol yn ymwneud â'u busnes eu hunain, yn enw gwladwriaeth Denmarc. Mae Ynysoedd Ffaro yn anfon dau aelod i Senedd Denmarc (allan o gyfanswm o 179).

Er nad yw Deddf Ymreolaeth Denmarc yn benodol yn cydnabod hawl eithaf Ynysoedd Ffaro i ymwahanu o wladwriaeth Denmarc pe dewisent hynny, mae hanes y berthynas gyfansoddiadol rhwng Denmarc ac Ynysoedd Ffaro (a'r Ynys Las) ers 1948 wedi ei seilio ar negodiad ac ymddengys yn annirnadwy y byddai Denmarc yn ceisio gwrthwynebu symudiad o'r fath hyd yn oed pe byddai ganddi'r modd ymarferol o wneud hynny. Gan nad yw Ynysoedd Ffaro erioed wedi cael eu hystyried gan y Cenhedloedd Unedig fel tiriogaeth heb fod yn hunanlywodraethol, serch

transferred (or authorised the future transfer) of virtually all remaining governmental functions, with the exception of the Constitution, the Supreme Court, foreign, security and defence policy and foreign exchange and monetary policy.

The extent of the autonomy enjoyed by the Faroe Islands is illustrated by the fact that they were able to take the decision not to enter the EU when Denmark joined in 1973 (based on their wish not to be subject to the Common Fisheries Policy). Instead, they have their own free trade agreement with the EU and use the Danish krone (pegged to the value of the Euro) as a currency. Residents of the Faroes are Danish citizens but do not, if resident in the islands, qualify as EU citizens. The Danish Exchequer makes an annual contribution of about 13% to the Faroese budget. The constitutional reforms of 2005, as well as granting the Faroes virtually complete autonomy other than in very limited fields such as foreign affairs, nevertheless instituted a system under which the Faroes can negotiate international agreements relating to Faroese affairs, nominally in the name of the Danish state. The Faroes send two members to the Danish parliament (out of a total of 179).

Although the Danish Home Rule Act does not expressly acknowledge the ultimate right of the Faroe Islands to secede fully from the Danish state if it chose to do so, the history of constitutional relationships between Denmark and the Faroes (and Greenland) since 1948 has been based on negotiation and it seems inconceivable that Denmark would attempt to oppose such a move even if it had the practical means to do so. Since the Faroes have never been regarded by the UN as a Non-Self-Governing Territory, their qualification, nevertheless, as a territory in free association has never directly arisen, but there seems no reason to doubt that were it to do so the Faroe Islands would be held to fall under that classification.

hynny fel tiriogaeth mewn Cymdeithasiaeth Rydd nid yw hynny erioed wedi codi'n uniongyrchol ond ni ymddengys fod unrhyw reswm dros amau pe byddai'n gwneud hynny y byddai Ynysoedd Ffaro yn cael eu gosod dan y dosbarthiad hwnnw.

Ynysoedd Cook

Ar yr olwg gyntaf ymddengys nad oes gan lywodraethiant archipelago anghysbell Ynysoedd Cook yn ne orllewin y Môr Tawel (poblogaeth tua 18,000) fawr ddim sy'n berthnasol i Gymru. Byddai barn o'r fath yn gamgymeriad, gan fod datblygiad cyfansoddiadol yr Ynysoedd a'r llwybr ar wahân ond tebyg a ddilynodd cymuned hyd yn oed yn llai ynys Niue (poblogaeth o lai na 2,000) wedi bod o fewn system gyfansoddiadol Seland Newydd sy'n debyg iawn i un y Deyrnas Unedig.

Fel mae'r enw yn awgrymu, ymwelodd Capten Cook ag Ynysoedd Cook yn y 18fed ganrif a chadwyd cysylltiad gyda'r DU drwy ymweliadau cyson gan genhadon a masnachwyr o Brydain drwy gydol y 19eg ganrif. Cafodd cydfeddiannaeth ffurfiol yr ynysoedd ei ddatgan yn 1900, fe ymddengys gyda chytundeb y trigolion. Urddwyd eu gweinyddiaeth gyda llywodraeth Seland Newydd (oedd bryd hynny, wrth gwrs, yn dal ei hunan yn ymarferol yn drefedigaeth Brydeinig) sydd bron 2,000 milltir i ffwrdd. Sefydlwyd ymreolaeth leol drwy Ddeddf yn Senedd Seland Newydd – Deddf Ynysoedd Cook 1915 – a sefydlodd ddeddfwrfa, gweithrediaeth a barnwriaeth lleol a datganoli grym iddynt, yn ddarostyngedig i amrywiol faterion a gadwyd a nodwyd yn y Ddeddf a chadw grym cyffredinol i Seland Newydd i ddiystyru deddfwriaeth Ynysoedd Cook os teimlai fod yn rhaid iddi wneud hynny. Mewn geiriau eraill, sefydlwyd system ddatganoli sy'n debyg iawn i'r hyn sy'n gweithredu ar hyn o bryd yn y DU. Hyd at Ddeddf Dinasyddiaeth Brydeinig 1948, roedd poblogaeth Ynysoedd

The Cook Islands

At first sight the governance of the remote Cook Islands archipelago in the South-West Pacific (population *c*.18,000) may seem of little relevance to Wales. Such a judgement would be a mistake, since the constitutional development of the islands (and the separate but similar path taken by the even smaller island community of Niue (population less than 2,000)) has taken place within the New Zealand constitutional system which closely resembles that of the UK.

The Cook Islands were, as the name indicates, visited by Captain Cook in the 18th century and contact was maintained with the UK through regular visits by British missionaries and traders throughout the 19th century. Formal annexation of the islands was declared in 1900, apparently with the agreement of the inhabitants. Administration was vested in the government of New Zealand (then still, of course, itself effectively a British colony) which is located almost 2,000 miles away. Local self-government was established by an Act of the New Zealand Parliament – the Cook Islands Act 1915 – which established a local legislature, executive and judiciary and devolved power to them, subject to various reservations specified in the Act and the retention of a general power for New Zealand to override Cook Islands legislation if it felt compelled to do so. In other words, a system of devolution very similar to that which currently operates in the UK was established. Cook Islanders were, until the British Nationality Act 1948, simply regarded as British subjects, but the Act recognised the ability of Dominions to create their own status of citizen and the Cook Islanders became New Zealand citizens.

Between 1957 and 1965 a constitutional revolution, brought about in consultation with the United Nations, took place in relation to the Cook Islands, beginning with amendments to the New Zealand Cook Islands Act 1915 removing all the reservations affecting the legislative

Cook yn ystyried eu hunain fel deiliaid Prydeinig ond mae'r Ddeddf yn cydnabod gallu dominiynau i greu eu statws eu hunain o ddinesydd a daeth ynyswyr Cook yn ddinasyddion Seland Newydd.

Rhwng 1957 a 1965 bu chwyldro cyfansoddiadol, a gyflwynwyd mewn ymgynghoriad gyda'r Cenhedloedd Unedig, yng nghyswllt Ynysoedd Cook gan ddechrau gyda diwygiadau i Ddeddf Ynysoedd Cook 1915 Seland Newydd yn dileu'r holl amodau yn effeithio ar gymhwysedd deddfwriaethol Ynysoedd Cook ac yn dod i ben gyda chyfansoddiad a luniwyd yn lleol oedd yn rhoi grym yn ymarferol heb gyfyngiad i Senedd Ynysoedd Cook i wneud cyfreithiau yng nghyswllt yr Ynysoedd. Datganwyd mai Pennaeth y Wladwriaeth oedd 'Ei Mawrhydi y Frenhines mewn Hawl o Seland Newydd' yn gweithredu drwy 'Gynrychiolydd y Frenhines'. Cafodd yr amodau a osodwyd yn flaenorol ar Ynysoedd Cook gan Ddeddf Ynysoedd Cook 1915 eu disodli gan gytundebau rhyng-lywodraethol rhwng Seland Newydd a'r Ynysoedd yn ymwneud â gwasanaethau a gaiff eu rhannu. Mae Ynyswyr Cook yn parhau i fod yn ddinasyddion Seland Newydd (yn ogystal â mwynhau dinasyddiaeth benodol Ynysoedd Cook) ac mae Seland Newydd yn darparu cymorth ariannol sylweddol i'r ynysoedd.

Nid oes dim yn y darpariaethau sydd ar ôl o Ddeddf Ynysoedd Cook 1915 neu Gyfansoddiad Ynysoedd Cook yn diffinio'r berthynas rhwng yr Ynysoedd a Seland Newydd yn fanwl ond derbynnir (e.e. gan y Cenhedloedd Unedig) y daw hynny o fewn diffiniad 'cysylltiadaeth rydd'. Mae Seland Newydd yn cadw'r cyfrifoldeb am ddarparu amddiffyn i'r Ynysoedd a chyfrifoldeb cyffredinol am faterion tramor, er y caiff pwerau eu gweithredu mewn ymgynghoriad gyda llywodraeth Ynysoedd Cook, sydd hefyd yn cynnal ei chysylltiadau diplomatig ei hun gyda llawer o wladwriaethau. Cafodd Ynysoedd Cook eu derbyn, o'u rhan eu hunain, i fod yn aelod o nifer o asiantaethau'r Cenhedloedd Unedig

competence of the Cook Islands and ending with a locally-drafted Constitution which gave the Parliament of the Cook Islands an effectively unlimited power to make law in relation to the Islands. The Head of State was declared to be 'Her Majesty the Queen in Right of New Zealand' acting through a 'Queen's Representative'. The reservations previously imposed on the Cook Islands by the Cook Islands Act 1915 have been replaced by inter-governmental agreements between New Zealand and the Islands relating to shared services. Cook Islanders continue to be New Zealand citizens (as well as enjoying a specifically Cook Islands citizenship) and New Zealand provides the Islands with substantial financial assistance.

Nothing in the surviving provisions of the Cook Islands Act 1915 or of the Cook Islands Constitution defines the relationship between the Islands and New Zealand with precision, but it is accepted (e.g. by the United Nations) that it falls within the definition of 'free association'. New Zealand retains responsibility for providing defence for the Islands and general responsibility for foreign affairs, although powers are exercised in consultation with the government of the Cook Islands, which also engages in its own diplomatic relations with many states. The Cook Islands has been admitted, in its own right, to membership of several agencies of the United Nations as well as of the Pacific Community, a voluntary development partnership between 27 states and territories.

Full membership of the UN is only open to 'states' and the recognition by the Cook Islands of a continuing constitutional link with New Zealand (through common citizenship and the role of the Crown 'in right of New Zealand') would currently be an obstacle to an application for membership succeeding, but the Cook Islands have total control over their own Constitution and could make the necessary changes in order to qualify for full UN

yn ogystal â Chymuned y Môr Tawel, partneriaeth datblygu wirfoddol rhwng 27 gwladwriaeth a thiriogaeth.

Dim ond 'gwladwriaethau' all ddod yn aelodau llawn o'r Cenhedloedd Unedig a byddai cydnabyddiaeth Ynysoedd Cook o gysylltiad cyfansoddiadol parhaus gyda Seland Newydd (drwy ddinasyddiaeth gyffredin a rôl y Goron 'mewn hawl o Seland Newydd') yn rhwystr ar hyn o bryd i wneud cais am aelodaeth ond mae gan Ynysoedd Cook reolaeth lawn dros eu cyfansoddiad eu hunain a gallent wneud y newidiadau angenrheidiol er mwyn cymhwyso am aelodaeth lawn o'r Cenhedloedd Unedig pe dymunent. Nid yw Seland Newydd yn gwrthwynebu cam o'r fath ond mae wedi mynegi'r farn y byddai hynny'n codi cwestiwn am y trefniant dinasyddiaeth cyffredin (a gallai hefyd, wrth gwrs, alw am ail-werthusiad o'r cymorth ariannol a roddir gan Seland Newydd).

Ynysoedd Marshall, Micronesia, Palau a Puerto Rico

Fel canlyniad i'r rhyfel rhwng Sbaen a'r Unol Daleithiau, y Rhyfel Byd Cyntaf a'r Ail Ryfel Byd, rhwng 1898 a 1946 sicrhaodd yr Unol Daleithiau nifer o diriogaethau tramor a arferai fod yn rhan o ymerodraethau Sbaen, yr Almaen a Japan. Daeth llawer ohonynt, tebyg i Ynysoedd y Phillipinos, a arferai fod yn eiddo i'r Unol Daleithiau wedi'u caffael gan Sbaen yn genedl-wladwriaethau annibynnol. Ond mae eraill wedi dewis statws cyfansoddiadol gwahanol. Mae tair tiriogaeth yn y Môr Tawel a oedd yn flaenorol yn Diriogaethau'r Unol Daleithiau bellach mewn cysylltiadaeth rydd gyda'r Unol Daleithiau: Gweriniaeth Ynysoedd Marshall, Ffederasiwn Gwladwriaethau Micronesia a Gweriniaeth Palau. Mae gan bob un o'r tair *Gompactau Cysylltiadaeth Rydd*, a gadarnhawyd gan Gyngres yr Unol Daleithiau, a lofnodwyd yn y 1980au ac a adnewyddwyd ers hynny. Mae'r cytundebau yn trosglwyddo hunanlywodraeth fewnol lawn i'r gwladwriaethau cenedlaethol newydd, yn ogystal â sofraniaeth lawn mewn materion cyhoeddus. Ar y

membership if they wished. New Zealand does not oppose such a step but has expressed the view that it would call into question the common citizenship arrangement (and might also, of course, call for a re-appraisal of the financial support provided by New Zealand).

The Marshall Islands, Micronesia, Palau and Puerto Rico

As a result of the Spanish-American War, World War I and World War II, between 1898 and 1946 the USA acquired a number of overseas territories that formerly were part of the Spanish, German and Japanese empires. Many of these, such as the Philippines, a former United States possession acquired from Spain, have become independent nation-states. But others have chosen a different constitutional status. Three territories in the Pacific that were formerly US Territories are now freely associated with the United States: the Republic of the Marshall Islands, the Federated States of Micronesia, and the Republic of Palau. All three have *Compacts of Free Association*, ratified by the United States Congress, signed in the 1980s and renewed since. The agreements transferred full internal self-government to the new national states, as well as the full sovereignty in foreign affairs. On this basis – and in contrast to the Cook Islands – all three, while not independent, enjoy full United Nations membership. The Compact agrees that the United States still makes decisions with regard to defence and security matters and obligates Washington to furnish economic assistance.

However, the origins of the free association concept are to be found not in the Pacific but in the Caribbean island of Puerto Rico. Inspired by the examples of the Irish Free State and the Dominion status achieved by Canada, Puerto Rican nationalists began to aspire to the status of a freely associated sovereign state. This aspiration was expressed in the name which the Puerto Rico Constitution applied to

sail hon – ac yn wahanol i Ynysoedd Cook – er nad ydynt yn annibynnol, mae pob un o'r tair yn mwynhau aelodaeth lawn o'r Cenhedloedd Unedig. Mae'r Compact yn cytuno fod yr Unol Daleithiau yn dal i wneud penderfyniadau yng nghyswllt materion amddiffyn a diogelwch, ac yn ei gwneud yn ofynnol i Washington roi cymorth economaidd.

Fodd bynnag, nid yn y Môr Tawel ond yn ynys Puerto Rico yn y Caribî mae gwreiddiau cysyniad cysylltiadaeth rydd. Wedi'u hysbrydoli gan enghreifftiau Gwladwriaeth Rydd Iwerddon a'r statws Dominiwn a enillwyd gan Canada, dechreuodd cenedlaetholwyr Puerto Rico anelu am statws gwladwriaeth sofran cysylltiadaeth rydd. Cafodd y nod hon ei mynegi yn yr enw a roddodd Cyfansoddiad Puerto Rico i'r llywodraeth a greodd, sef *Estado Libre Asociado de Puerto Ricoa* (Gwladwriaeth Cysylltiadaeth Rydd Puerto Rico). Mae hyn er fod fersiwn Saesneg y Cyfansoddiad yn disgrifio'r diriogaeth fel 'Cymanwlad' – Sbaeneg, wrth gwrs, yw iaith gyntaf 94 y cant o'r boblogaeth a phrif iaith y llywodraeth a'r gyfraith.

Mae'r term 'Cymanwlad' sydd hefyd yn ffurfio rhan o enw swyddogol nifer o daleithiau a thiriogaethau eraill yr Unol Daleithiau ('Cymanwlad Virgina', 'Cymanwlad Guam') yn cael ei gydnabod gan Adran Wladol yr Unol Daleithiau fel heb fod yn nodi unrhyw statws cyfreithiol heblaw cydnabyddiaeth, yn achos tiriogaethau, na fyddai'r Unol Daleithiau yn ceisio newid ei statws yn unochrog. Ynghyd â chynnal refferenda ymgynghorol cyfnodol yn Puerto Rico ar statws y diriogaeth yn y dyfodol, mae hyn wedi darbwyllo'r Cenhedloedd Unedig i roi statws gwladwriaeth cysylltiadaeth rydd iddi, er fod ei statws cyfansoddiadol presennol yn amlwg yn un o diriogaeth ddatganoledig, yn ddarostyngedig yn gadarn i sofraniaeth yr Unol Daleithiau.

Er fod dinasyddion Puerto Rico yn mwynhau safon byw uchel yn ôl safonau America Ladin, cyflawnwyd hyn drwy gymorthdaliadau ariannol mawr iawn yn gyfanswm o tua

the polity which it created, namely *Estado Libre Asociado de Puerto Rico* (The Associated Free State of Puerto Rico). This is despite the English version of the Constitution describing the territory as a 'Commonwealth' – Spanish is, of course, the first language of 94% of the population and the main language of government and law.

The term 'Commonwealth', which also forms part of the official name of a number of US states and other territories ('The Commonwealth of Virginia', 'The Commonwealth of Guam') is acknowledged by the US State Department as indicating no specific legal status other than a recognition, in the case of territories, that the USA would not seek to alter their status unilaterally. Coupled with the holding of periodic consultative referendums in Puerto Rico on the future status of the territory, this has persuaded the UN to accord it the status of a freely associated state, despite the fact that its current constitutional status is recognisably that of a devolved territory, firmly subject to US sovereignty.

Although Puerto Rico's citizens enjoy a high standard of living by Latin American standards, this has been achieved through very large financial subventions, amounting to about a quarter of the budget of the territory's government. Obstacles to the fullest economic development of the island are the USA's restrictive trade policy and its hostility to the development of closer economic links with some of its Caribbean neighbours, in particular Cuba.

There is widespread dissatisfaction in Puerto Rico with the territory's current status, which a majority of residents have actually rejected in successive consultative referendums. Unfortunately, no alternative consensus has emerged in favour of any alternative to the status quo, with strong support, falling short of a majority, for the competing alternatives of independence, entry into the USA as the 51st state of the Union, or a move to the status of a 'sovereign

chwarter cyllideb llywodraeth y diriogaeth. Y rhwystrau i
ddatblygiad economaidd llawnaf yr ynys yw polisi masnach
cyfyngol yr Unol Daleithiau a'u gwrthwynebiad i ddatblygu
cysylltiadau economaidd agosach gyda rhai o'i chymdogion
yn y Caribî, yn arbennig Cuba.

Mae anfodlonrwydd eang yn Puerto Rico gyda statws
presennol y diriogaeth, ac mae mwyafrif y preswylwyr
wedi gwrthod y statws mewn refferendwm ymgynghorol.
Yn anffodus, ni ddaeth unrhyw gonsensws amgen i'r
amlwg o blaid unrhyw lwybr amgen i'r status quo, gyda
chefnogaeth gref, ond yn brin o fwyafrif, i'r dewisiadau
eraill o annibyniaeth, ymuno fel 51fed talaith yr Undeb, neu
symud i statws 'gwladwriaeth sofran cysylltiadaeth rydd' a
fyddai'n golygu perthynas fwy llac a chyfartal gyda'r Unol
Daleithiau.

free associated state', involving a looser and more equal
relationship with the USA.

Nodiadau

1   Cafodd y trefniant ei osod allan gyntaf gan yr Arglwydd Sewel yn Nhŷ'r Arglwyddo yn ystod taith Bil yr Alban, 1997-98 ar 21 Gorffennaf 1998. Mae'n werth nodi yn 2017 y dyfarnodd Goruchaf Lys y Deyrnas Unedig nad oedd yr hyn a alwyd yn 'Confensiwn Sewel' yn rheol y gellid ei gorfodi yn farnwrol nac yn rhwymo'n gyfreithiol, ond yn hytrach yn 'gonfensiwn gwleidyddol' y gallai Llywodraeth y DU ei roi o'r neilltu heb risg her gyfreithiol.

2   Senedd Cymru, Bil Caniatâd Deddfwriaethol: Cymwysterau Proffesiynol, 2021.

3   Nation.Cymru, 'UK Government confirm they will scrap Welsh law as part of trade union crackdown', 27 Mehefin 2022.

4   Gweler trawsysgrif o'r Pwyllgor Deddfwriaeth, Cyfiawnder a'r Cyfansoddiad, Cofnod y Senedd, 14 Mawrth 2022.

5   Pwyllgor Cyfansoddiad Tŷ'r Arglwyddi, *Future Governance of the UK*, Tystiolaeth Lafar, 2021.

6   Llywodraeth y DU, *Levelling up and Regeneration Bill: Explanatory Notes*, 2022, 5. 244, para 1439.

7   Llywodraeth Cymru, *Diwygio ein Hundeb, Cydlywodraethu yn y DU*, Mehefin 2021. t.10

8   Llywodraeth Cymru, *Diwygio ein Hundeb – Cydlywodraethu yn y DU*, Mehefin 2021.

9   Royal Commission on the Constitution, Cmnd. 5460, HMSO 1973, Para. 531.

10 Ailsa Henderson a Richard Wyn Jones, *Englishness: The Political Force Transforming Britain*, Oxford University Press, 2021, tudalen 65.

11 Yr Athro Syr John Curtice, *Constitutional Reform*, British Social Attitudes, National Centre for Social Reform, Medi 2022, t.15-16.

12 Ciaran Martin, *Resist, Reform or Re-run? Short and long term reflections on Scotland and independence referendums*,

Notes

1   The arrangement was first set out by Lord Sewel in the House of Lords during the passage of the Scotland Bill, 1997–98, on 21 July 1998. It was noteworthy that in 2017 the UK Supreme Court ruled that what became known as the 'Sewel Convention' was not a judicially enforceable or legally binding rule, but merely a 'political convention' which the UK Government could set aside without the risk of legal challenge.

2   Senedd, Legislative Consent: Professional Qualifications Bill 2021.

3   Nation.Cymru, 'UK Government confirm they will scrap Welsh law as part of trade union crackdown', 27 June 2022.

4   See transcript of the Legislation, Justice and Constitution Committee, Senedd Record, 14 March 2022.

5   House of Lords Constitution Committee, 'Future Governance of the UK', Oral Evidence, 2021.

6   UK Government, *Levelling up and Regeneration Bill: Explanatory Notes*, 2022, p.244, para 1439.

7   Welsh Government, *Reforming our Union, Shared Governance in the UK*, June 2021, p.9, para 1.

8   Welsh Government, *Reforming our Union: Shared Governance in the UK*, June 2021, p.5.

9   Royal Commission on the Constitution, Cmnd. 5460, HMSO, 1973, Para. 531.

10   Ailsa Henderson and Richard Wyn Jones, *Englishness: The Political Force Transforming Britain*, Oxford University Press, 2021, p.65.

11   Professor Sir John Curtice, *Constitutional Reform*, British Social Attitudes, National Centre for Social Reform, September 2022, pp.15–16.

12   Ciaran Martin, *Resist, Reform or Re-run? Short and long term reflections on Scotland and independence referendums*, Blavatnik School of Government, Oxford University, April 2021, pp.9–10.

Blavatnik School of Government, Oxford University, Ebrill 2021, tudalennau 9-10.

[13] *Ibid.*, tudalen 20.

[14] Seilir yr adran hon ar ymchwil annibynnol a gomisiynwyd gan Blaid Cymru ac a gynhaliwyd gan yr Athro John Doyle o Brifysgol Dinas Dulyn. Doyle, John (2022), *The Fiscal Deficit in Wales: why it does not represent an accurate picture of the opening public finances of an Independent Wales,* Plaid Cymru, Medi 2022.

[15] https://www.oecd-ilibrary.org/sites/42c624f3-en/index. html?itemId=/content/component/42c624f3-en

[16] ONS, *Net Public Balances Reports.*

[17] ONS, *Net Public Balances Reports,* 2019. Ar gael yn: https:// www.ons.gov.uk/economy/governmentpublicsectorandtaxes/ publicsectorfinance/articles/countryandregionalpublicsecto rfinances/financialyearending2019#public-sector-net-fiscal-balance

Y data ar gyfer 2019 yw'r ffigurau diwethaf cyn effaith Covid 19 ar gyllid cyhoeddus. Maent felly yn ddarluniad mwy cywir o'r tueddiad hirdymor.

[18] Nodyn methodoleg ONS ar NPBR. Ar gael yn: https://www. ons.gov.uk/economy/governmentpublicsectorandtaxes/ publicsectorfinance/articles/countryandregionalpublicsecto rfinances/financialyearending2019#public-sector-net-fiscal-balance

[19] HM Treasury Country and Regional Analysis, Tachwedd 2019. https://assets.publishing.service.gov.uk/government/uploads/ system/uploads/attachment_data/file/847025/CRA_2019_-_ main_text.pdf a thudalennau gwe gyda dolenni i ddata amrwd. https://www.ons.gov.uk/economy/governmentpublicsectorandt axes/publicsectorfinance/articles/countryandregionalpublicsect orfinances/financialyearending2019

[20] John FitzGerald a Edgar L.W. Morgenroth ,*The Northern Ireland Economy: Problems and Prospects* TEP Working Paper No. 0619 Gorffennaf 2019.

[21] Trysorlys EM, Public Expenditure Statistical Analysis 2020. https://assets.publishing.service.gov.uk/government/uploads/ system/uploads/attachment_data/file/901406/CCS207_

13 *Ibid.*, p.20.

14 This section is based on independent research commissioned by Plaid Cymru and conducted by Professor John Doyle of Dublin City University: Doyle, John, *The Fiscal Deficit in Wales: why it does not represent an accurate picture of the opening public finances of an Independent Wales,* Plaid Cymru, September 2022.

15 https://www.oecd-ilibrary.org/sites/42c624f3-en/index. html?itemId=/content/component/42c624f3-en

16 ONS, *Net Public Balances Reports.*

17 ONS, *Net Public Balances Reports,* 2019. Available at: https:// www.ons.gov.uk/economy/governmentpublicsectorandtaxes/ publicsectorfinance/articles/countryandregionalpublicsecto rfinances/financialyearending2019#public-sector-net-fiscal-balance

    The data for 2019 are the last figures before the impact of Covid-19 on public finances. They are therefore a more reasonable representation of the long-term trend.

18 ONS methodology note on NPBRs. Available at: https://www. ons.gov.uk/economy/governmentpublicsectorandtaxes/ publicsectorfinance/articles/countryandregionalpublicsecto rfinances/financialyearending2019#public-sector-net-fiscal-balance

19 HM Treasury Country and Regional Analysis, November 2019. https://assets.publishing.service.gov.uk/government/uploads/ system/uploads/attachment_data/file/847025/CRA_2019_-_main_text.pdf and webpages with links to raw data. https:// www.ons.gov.uk/economy/governmentpublicsectorandtaxes/ publicsectorfinance/articles/countryandregionalpublicsectorfin ances/financialyearending2019

20 John FitzGerald and Edgar L.W. Morgenroth, *The Northern Ireland Economy: Problems and Prospects,* TEP Working Paper No. 0619, July 2019.

21 HM Treasury, Public Expenditure Statistical Analysis 2020. https://assets.publishing.service.gov.uk/government/uploads/ system/uploads/attachment_data/file/901406/CCS207_ CCS0620768248-001_PESA_ARA_Complete_E-Laying__002_ .pdf

CCS0620768248-001_PESA_ARA_Complete_E-Laying__002_
.pdf

22 Gweler Federico Fabbrini (Gol.), *The law and politics of Brexit,
Volume II. The Withdrawal Agreement*, Rhydychen, 2020.

23 Donnacha Ó Beacháin, *From Partition to Brexit: The Irish
Government and Northern Ireland*, Manchester University
Press, 2019, 27-28.

24 Alan Freeman a Patrick Grady, *Dividing the House: planning
for a Canada without Quebec*, New York, 1995.

25 Data gwariant yr ONS 2019. Ar gael yn: per centhttps://www.
ons.gov.uk/economy/governmentpublicsectorandtaxes/
publicsectorfinance/articles/countryandregionalpublicsectorfi
nances/financialyearending2019#public-sector-expenditure (25
Mai 2021).

26 Tablau Gwariant Gwledydd a Rhanbarthau'r ONS. Ar gael yn:
https://www.ons.gov.uk/economy/governmentpublicsectorandt
axes/publicsectorfinance/datasets/countryandregionalpublicsec
torfinancesexpendituretables (25 Mai 2021).

27 FitzGerald a Morganroth, 'The Northern Ireland economy:
Problems and Prospects', *Journal of the Statistical and Social
Inquiry Society of Ireland, Vol. XLIX, 2020.*

28 Para B5.17 i B5.26, Report of Scottish Sustainable Growth
Commission, https://static1.squarespace.com/static/
5afc0bbbf79392ced8b73dbf/t/5b0a988c352f53c0a5132a23/1527
421195436/SGC+Full+Report.pdf

29 Para B4.58, Report of Scottish Sustainable Growth
Commission,

30 Mae Paul Gosling, *A new Ireland, a new union, a new society:
a ten year plan* (Derry, 2020), yn ysgogi trafodaeth ddiddorol
ar ddewisiadau polisi cyhoeddus. Gweler John Doyle, Cathy
Gormley-Heenan a Patrick Griffin, 'Editorial: Introducing
ARINS—Analysing and Researching Ireland, North and South',
Irish Studies in International Affairs 32 (2) (2021), vii–xvii i gael
amlinelliad o brosiect ARINS.

31 Mae'r cynigion manwl a nodir yma yn seiliedig ar bapur a
gomisiynwyd gan Keith Bush CB: *Constitutional Options for
Wales post Scottish Independence*, Plaid Cymru, Mehefin 2022.

32 Mae'r cynigion manwl a nodir yma yn seiliedig ar bapur a

22 See Federico Fabbrini (ed.), *The law and politics of Brexit, Volume II. The Withdrawal Agreement*, Oxford, 2020.

23 Donnacha Ó Beacháin, *From Partition to Brexit: The Irish Government and Northern Ireland*, Manchester University Press, 2019, pp.27–8.

24 Alan Freeman and Patrick Grady, *Dividing the House: planning for a Canada without Quebec*, New York, 1995.

25 ONS Expenditure data 2019. Available at:%https://www. ons.gov.uk/economy/governmentpublicsectorandtaxes/ publicsectorfinance/articles/countryandregionalpublicsectorfi nances/financialyearending2019#public-sector-expenditure (25 May 2021).

26 ONS Country and Region Expenditure Tables. Available at: https://www.ons.gov.uk/economy/governmentpublicsectorandt axes/publicsectorfinance/datasets/countryandregionalpublicsec torfinancesexpendituretables (25 May 2021).

27 FitzGerald and Morganroth, 'The Northern Ireland economy: Problems and Prospects', *Journal of the Statistical and Social Inquiry Society of Ireland*, Vol. XLIX, 2020.

28 Para B5.17 to B5.26, Report of Scottish Sustainable Growth Commission, https://static1.squarespace.com/static/ 5afc0bbbf79392ced8b73dbf/t/5b0a988c352f53c0a5132a23/1527 421195436/SGC+Full+Report.pdf

29 Para B4.58, Report of Scottish Sustainable Growth Commission.

30 Paul Gosling, *A new Ireland, a new union, a new society: a ten-year plan* (Derry, 2020), starts an interesting discussion on the public policy choices. See John Doyle, Cathy Gormley-Heenan and Patrick Griffin, 'Editorial: Introducing ARINS – Analysing and Researching Ireland, North and South', *Irish Studies in International Affairs*, 32 (2) (2021), vii–xvii, for an outline of the ARINS project.

31 The detailed proposals set out here draw from a paper commissioned by Plaid Cymru from Keith Bush KC: Bush, K., *Constitutional Options for Wales post Scottish Independence*, Plaid Cymru, June 2022.

32 The detailed proposals set out here draw from a paper commissioned by Plaid Cymru from Professor Tomos Watkin

gomisiynodd Plaid Cymru gan yr Athro Tomos Watkin CB: Watson, T., *A Welsh Constitution*, Plaid Cymru, Mehefin 2022.

33   Gwynfor Evans, *Diwedd Prydeindod*, 1982, t. 142.

34   Adam Price, *Benelux Britain – Recasting relations in a post-independence era*, araith i'r Ganolfan Newid Cyfansoddiadol, Prifysgol Caeredin, 26 Mehefin 2019.

35   Adam Price, *Ibid.*

36   Mae Erthygl 73 yn cynnwys y dilynol:

> *Members of the United Nations which have or assume responsibilities for the administration of territories whose peoples have not yet attained a full measure of self-government recognize the principle that the interests of the inhabitants of these territories are paramount, and accept as a sacred trust the obligation to promote to the utmost, within the system of international peace and security established by the present Charter, the well-being of the inhabitants of these territories, and, to this end:*
>
> *1. to ensure, with due respect for the culture of the peoples concerned, their political, economic, social, and educational advancement, their just treatment, and their protection against abuses;*
>
> *2. to develop self-government, to take due account of the political aspirations of the peoples, and to assist them in the progressive development of their free political institutions, according to the particular circumstances of each territory and its peoples and their varying stages of advancement.*

37   Adroddiad y Comisiwn Annibyniaeth, *Towards an Independent Wales*, Y Lolfa, Medi 2020.

KC: Watson, T., *A Welsh Constitution*, Plaid Cymru, June 2022.

[33] Gwynfor Evans, *Diwedd Prydeindod*, 1982, p.142.

[34] Adam Price, 'Benelux Britain – Recasting relations in a post-independence era', speech to the Centre on Constitutional Change, Edinburgh University, 26 June 2019.

[35] *Ibid.*

[36] Article 73 includes the following:

> *Members of the United Nations which have or assume responsibilities for the administration of territories whose peoples have not yet attained a full measure of self-government recognize the principle that the interests of the inhabitants of these territories are paramount, and accept as a sacred trust the obligation to promote to the utmost, within the system of international peace and security established by the present Charter, the well-being of the inhabitants of these territories, and, to this end:*
>
> *1. to ensure, with due respect for the culture of the peoples concerned, their political, economic, social, and educational advancement, their just treatment, and their protection against abuses;*
>
> *2. to develop self-government, to take due account of the political aspirations of the peoples, and to assist them in the progressive development of their free political institutions, according to the particular circumstances of each territory and its peoples and their varying stages of advancement.*

[37] 'The report of the Independence Commission', *Towards an Independent Wales*, Y Lolfa, September 2020.

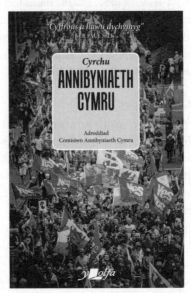